Joseph Alexander

Bosnisches

Joseph Alexander

Bosnisches

ISBN/EAN: 9783744655057

Hergestellt in Europa, USA, Kanada, Australien, Japan

Cover: Foto ©ninafisch / pixelio.de

Weitere Bücher finden Sie auf **www.hansebooks.com**

Bosnisches

von

Frhr. von Helfert.

Wien.

Manz'sche k. k. Hof-Verlags- und Universitäts-Buchhandlung.

1879.

Zur Aussprache slavischer Namen und Ausdrücke.

In den slavischen Sprachen wird **C c** immer wie das
deutsche z oder tz ausgesprochen: Cur spr. Zar; Gacko spr.
Gatzko; Crnagora, Crnagorcen spr. Zrnagora, Zrnagorzen; Dubec
spr. Dubetz.

Č č wie das deutsche tsch: Čcsma spr. tschcsma; Foča spr.
Fotscha; Grabačac spr. Grabatschatz; Bihač spr. Bihatsch.

ć wie tj, wobei aber das j nicht als ein Laut für sich zu
behandeln ist, sondern nur als ein das t erweichender Consonant
zu gelten hat: Knićanin spr. Knitjanin; Čengić spr. Tschengitj'
Martinići spr. Martinitji.

S s wie das deutsche ss, ß; Sarajevo spr. Ssarajewo
Posavina spr. Possawina, Nevesinje spr. Nevessinje.

Š š wie das deutsche sch: Šamac spr. Schamatz; Milaševa
spr. Milaschewa; Pibriš spr. Pibrisch.

V v wie das deutsche w: Vranduk spr. Wranduck (nicht
Franduck); Hercegovina spr. Herzegowina (nicht Herzegofina);
Popovo polje spr. Popowo.

Z z wie ein gelindes s im deutschen Rose, Nase oder im
französischen désir, désirer: Zvornik, Zenica, Zeta, Novipazar
spr. Swornik, Nowipasar ꝛc.

Ž ž wie das französische j in jambe, jardin: Žabljak spr. franz.
Jabliaque, Bužim spr. franz. Boujime; Spuž spr. franz. Spouje.

Dž dž wie das italienische ggi in loggia: Obdžak spr. ital.
Oggiac.

Han und Handžija.

Und wenn wir sie erobern und haben, was werden uns Bosnien und die Hercegovina nützen?"

„Möge diese Frage der berühmte Benjamin Franklin mit einer Gegenfrage beantworten! Als ihm jemand über eine scheinbar unbedeutende Er= findung die eben gemacht worden, den Zweifel aufwarf: „Was nützt das?" sagte er entgegen: „Was nützt ein neugebornes Kind?"

Das nützt. es, meinte der große Bürger der neuen Welt, daß aus dem Kinde ein tüchtiger schaffender segen= spendender Mann werden kann. Und das nützt die scheinbar unbedeutende Erfindung, daß sich aus ihr

1*

verschiedenartige Anwendungen ergeben können, die der Menschheit zu großem Dienst und Vortheil ausschlagen. Und das nützen uns Bosnien und die Hercegovina, daß wir aus der Verbindung mit ihnen und aus der wohlwollenden und umsichtigen Weise, in der wir unsere Anwesenheit daselbst zu gebrauchen wissen, aller= hand Gewinn ziehen können.

Der geneigte Leser hat nicht zu besorgen, daß ich ihn gleich auf das Gebiet der Staatskunst geleiten werde —

„ein politisch Lied, ein leidig Lied!"   .

Vorderhand wollen wir uns nur in einem zwangs= losen Geplauder ergehen, wo wir uns, um Land und Leute kennen zu lernen, ohne uns an strenge Regeln zu binden, in keiner Richtung erschöpfend, sondern leicht und obenhin, mit allerhand „Bosnischem" unterhalten, was man in gelehrten und ungelehrten Büchern liest, was uns Reisende erzählen die das Land aus eigener Anschauung kennen, was uns die Tages=Literatur über die Vorgänge daselbst in den letzten Decennien ge= bracht hat.

Reisende! Ich war nicht dort, und der geneigte Leser, ich wette hundert gegen eins, eben so wenig. Auch gehörte es bis jetzt keineswegs zu den Annehm= lichkeiten, es war nicht ohne große Schwierigkeiten, ja mancherlei Gefahr, daß wißbegierige Forscher Gebiete durchstreiften, wo von dem in unsern Ländern gewohnten Comfort so gar nichts zu finden, und von Weghinder= nissen aller Art, von Mistrauen der Behörden und Feindseligkeit unterschieblicher Wegelagerer, von erbärm= licher, oft anwidernder, von Ungeziefer jeden Namens heimgesuchter Unterkunft so viel zu holen war.

Ueber das südliche Dalmatien, wo es zu Anfang dieses Jahrhunderts in manchen Gegenden nicht viel anders aussah als heute noch in Bosnien und der Hercegovina, hat der damalige k. k. Genie=Hauptmann de Traux die Bemerkung gemacht: „Wenn das Land andere Einwohner hätte, so möchte man wünschen dort ein Landgut zu besitzen, um in philosophischer Ruhe sein Leben genießen zu können." Warum so hart und grausam? Wollen wir die Menschen, die dort sind, todtschlagen oder mindestens davonjagen, damit sie andern Platz machen?! Sagen wir darum nicht: „wenn es dort andere Leute gäbe"; sagen wir humaner: „wenn die Einwohner dort anders wären." Denn da hängt es ja nur von uns ab, daß sie mit der Zeit anders werden! De Traux gebraucht seinen angeführten Ausspruch von den Bocche di Cattaro, denen er die Ufer des Genfer Sees, „welche nur die schöpferische Feder eines Rousseau so herrlich beschreiben konnte", und die zauberhaften Gestade von Konstantinopel nachsetzt. Dinge solchen Charakters haben nun allerdings die dalmatinischen Hinterlande nicht; aber daß sie sonst überreich sind, sowohl an großartig = malerischen Naturbildern als an anmuthend = lieblichen Landschaften, an wahrhaft entzückenden Veduten, darüber sind alle einig, die das Gebiet der Drina und des Drim, der Neretva und Bosna, des Vrbas und der Una durchwandert haben.

Wie gesagt, behaglich und bequem ist dieses Durchwandern keineswegs. Denke man nur nicht an Eisenbahnen — diese wird man allerdings bald haben, ja gibt es eine kleine Strecke schon jetzt —, an Tramway, an Post= oder Stellwagen! Das gütigste was Dir die bosnischen Götter bescheren, ist eine — Kutsche, in unsern Gegenden Leiterwagen genannt, von einem Dachzelt überspannt, oft ohne Sitzbrett, so daß es einzig auf die dichtere oder dünnere Lage Stroh ankommt, wie Du auf den Boden des Wagens der Länge nach hingestreckt gebettet seist. Und dabei haben diese bosnischen Kutscher kein fühlendes Herz! Oft geht es, besonders den Berg hinab, in lustiger Jagd über Stock und Stein, daß der vierräderige Karren in die Höhe fliegt und wieder niederplumpst, um von neuem einen salto mortale zu machen ꝛc. Und Du? Nun, Dir hilft kein Schreien

unb Fluchen, Du haſt nur achtzugeben, baß Dir Deine
Knochen unb Rippen ganz unb wohlgezählt bei einanber
bleiben. Nach ſolchen Erfahrungen wirſt Du freilich
gern auf bas Vergnügen bes Fahrens verzichten unb
lieber einen hartmäuligen Gaul beſteigen, was auch bie
lanbesübliche Art bes Reiſens iſt.

Es fehlt in allen bisher europäiſch-türkiſchen Län=
bern nicht an geregelten Hauptſtraßen. Es hat mitunter Gouverneure gegeben, wie Osman Paša in
Bosnien, Mithab Paša in Bulgarien, bie ſich gerabe
bieſen Verwaltungszweig angelegen ſein ließen; aber wenn
ſie nicht Nachfolger hatten bie mit gleichem Eifer
wirkten, ſo kam balb alles wieber in Verfall. Manches
war von allem Anfang nur auf ben Schein gethan:
Straßen ohne ſoliben Unterbau, bie bei bem Mangel
jeber Reparatur von Jahr zu Jahr mehr verfielen;
Brücken mit großen Koſten über Flüße unb Abgrünbe
geſpannt, aber aus ſo ſchlechtem Material baß ſie nach
einiger Zeit völlig unbrauchbar wurden. So war es
nun einmal mit ber türkiſchen Wirthſchaft! Auf ſeinem
Wege von Gorazba nach Višegrab im Jahre 1862
mußte Major Roškiewicz bie Prača auf einer ſehr ſchwan=
kenben, gegen eine Seite geneigten Holzbrücke überſetzen;
eines ber Pferbe gerieth babei mit ben Hinterfüßen in
eine ber breiten burch lange Verwahrloſung entſtanbenen

Spalten, und bei den Bemühungen ihm herauszuhelfen wären bald Mann, Roß und Brücke in das dreißig Fuß tiefe steinige Bett des Flußes gestürzt. Was an dauer=haften festen Brücken vorhanden ist, rührt aus früherer, zum Theil aus so früher Zeit her, daß die Leute dar=über streiten ob das Werk unter den Römern erbaut oder erst in christlich=slavischer Zeit entstanden sei. So die schöne dreizehnbogige Brücke beim Einfluß der Buna in die Narenta südlich von Mostar; so die in Mostar selbst, die berühmteste von allen, in einem kühnen zweiundneunzig Fuß weiten, achtzig Fuß sich aufgipfelnden Bogen über den Fluß gespannt. Einige setzen sie in die Zeit Trajan's, Hadrian's hinauf; nach Andern hat sie der Slave Rade mit Beihilfe der geheiligten Vilen aufgerichtet.

Eine überaus wohlthuende Einrichtung an den türkischen Straßen, aber auch abseits, mitunter in jetzt ganz vereinsamter Gegend zu treffen, sind die Brunnen. Auch von diesen leitet man einzelne aus den Römer=zeiten her, während andere den Namen ihres Gründers, be=sonders eines Paša oder türkischen Würdenträgers tragen. Sie sind regelmäßig ummauert, mit einem Auslaufrohr aus Eisen oder Stein, eine wahre Erquickung für den Wanderer. Uebrigens sind sie selbst an den Straßen nicht dicht gesäet, oft auf halbe Tagemärsche einer, so daß

die Einheimischen wohl auch die Entfernung nach ihnen
berechnen, z. B. von Belgrad bis zur Ali=Paša=Česma
(Česma=Röhrbrunnen) so und so viel Wegstunden. Fast
alle Racen, welche die wechselvollen Geschicke der Balkan=
Halbinsel durcheinander gewürfelt, kennen keine Pietät
für Wald und Baum; manche wie die Rumänen haben
sogar eine wahre Wuth sie niederzuhauen oder nieder=
zubrennen. Nur bei den Brunnen machen sie eine
Ausnahme, da wird der Baum um des Wassers, und
das Wasser um des Baumes willen geschont, so daß
den Dürstenden zugleich der Schatten labt, unter wel=
chem das reine erquickende Naß hervorquillt.

Das bietet ihm Mutter Natur; was Sohn Mensch
für ihn bereit hält, ist leider weder rein noch erquickend.
Verschiedene haben Verschiedenes als Maßstab für den
Bildungsgrad eines Volkes angenommen: den Umsatz
von Kaffee und Zucker — den Verbrauch von Seife —
die gesellschaftliche Stellung des Weibes — die Her=
berge. Letzteres für den Reisenden ohne Frage das wich=
tigste! Ich habe einmal ein verwöhntes Wienerkind,
das grollend und schimpfend aus einem unserer Gebiete
der Halbcultur heimkam und dem ein dortiger Ein=
geborner die begütigende Bemerkung machte: „Aber
diese Gastfreundschaft!" ausrufen hören: „Ich verlange
mir von Ihnen keine Gastfreundschaft" — der Ausbruck

ben er gebrauchte war etwas berber —, „in civilisirten
Ländern hat man Wirthshäuser!" Nun es fehlt an Wirths=
häusern in der Bosna und Hercegovina gerade nicht; nur
mußt Du Deine Ansprüche, verzogener Franke, unter
das Maß der Bescheidenheit hinabbrücken. Das serbische
Einkehrhaus heißt Han, Mehana, der Wirth Handžija,
Mehandžija. Letztere sind häufig Zinzaren (Süd=Rumänen),
obwohl sie sich nicht gern so heißen lassen; auch aus=
gewanderte Oesterreicher trifft man, doch stets nur
Männer, mindestens bekommt man Frauenzimmer nicht
zu Gesicht. Galant könnte man sagen: es fehlt die
ordnende glättende Hand der Frau, wenn es nur um
das ordnen und glätten selbst in den türkischen Keme=
naten nicht ein so eigenes Ding wäre! Wohl gibt es
Stufen der Unsauberkeit, aber mehr oder weniger von
diesem Artikel mußt Du, zartfühlender Pilgrim, immer
über Dich ergehen lassen. Eine große Stube nimmt
Dich auf, ohne Ziegel oder Pflaster, der Boden aus
festgestampfter Erde wie die Tennen unserer Heimat.
Kein gemauerter Herd, die Feuerstelle auf dem Boden
oder vielmehr auf einem großen Haufen Asche, der
ihre Unterlage bildet. Das Feuer wird durch klafter=
lange frischgehauene Stämme unterhalten, bie mehr ver=
glimmen als verbrennen, bie viel prasseln und puffen
und endlosen Rauch verursachen, der Dir beißend in's

Auge bringt. Zwar meinst Du, aus der Ferne etwas wie einen Rauchfang auf dem Dache gesehen zu haben, es ist auch wirklich einer, aus Reisern geflochten und mit Lehm verschmiert; er scheint aber nur die Bestimmung zu haben den Ueberfluß von Rauch aus der Stube zu führen, wenn derselbe im Innenraum keinen Platz mehr hat. Du trittst ein und sprichst nach der Landes=sitte: „Pomozi bog" (Helf Gott). „Bog pomozi" (Gott helf) antwortet der Handži, und mit ihm alles, was schon vor Dir in der Stube war. „Šta imaš mehandžijo?" (Was hast Du Wirth), „Imam svašta gospodine" (Ich habe allerlei Herr). Doch mit dem „allerlei" hat es seine weiten Wege. Außer Kaffee und Slivovic und dem unvermeidlichen Čibuk, den Dir der Wirth in seinem schmutzigen Anzug mit unge=waschenen Händen entgegen bringt, findest Du im Hause etwa Fisolen, Pilaf, rohe und gesäuerte Paprika, selten Fleisch, wenn nicht etwa an einer Schnur aus dem Dachgesperre ein „pečenje" (Braten) herabhängt, ein riesiges Stück kalten nicht gar gebratenen Schöpsen=fleisches, dessen geringe Muskeltheile, wie uns Franz Kanitz beschreibt, „in einer widerlich dicken und ranzigen Fettumhüllung so gründlich verschwinden, daß jeder beliebige Theil mit einem Docht durchzogen im Noth=falle als Kerze dienen könnte" . . . Vielleicht aber erbettelst

Du Dir vom Wirth ein Huhn, das Du Dir auf dem
weiten Hofe, wo das scheue Geflügel kaum zu erjagen
ist, mit der Flinte aus dem Haufen herausschießen mußt.

Du setzest Dich oder vielmehr hockest zu den Andern
an die Feuerstelle, um welche für diesen Zweck niedere
Bänke herumgeschoben sind. Weil die gastliche Flamme,
wie früher erwähnt, nicht durch gehacktes Holz, sondern
durch ganze Stämme, wie sie aus dem Walde kommen,
genährt wird, so ragen diese, an einem Ende angezündet,
mit dem andern weit in die Stube hinein und müssen,
wie sie das Feuer mehr und mehr aufzehrt, weiter
und weiter nachgeschoben werden, ein Verfahren, das
nicht ohne knisterndes Aufsprühen von Funken und Auf=
wirbeln neuen Rauches vor sich geht, und wehe Dir,
wenn der Luftzug nach Deiner Seite geht; denn dann
bekommst Du eine Wolke in's Gesicht, daß Dir Hören
und Sehen vergeht, und fast auch der Appetit nach dem
Huhn, das Dir endlich vorgesetzt wird. Messer und
Gabel erhältst Du keine dazu, Du mußt Dich, wenn
Du nicht vorsorglich diese Waffe mit Dir genommen
hast, mit Deinen fünf Fingern behelfen, Du mußt, mit
jenem Professor Chirurgiä zu reden, „Deine Finger zur
Hand nehmen." Dafür fehlt es Dir nicht an Gesell=
schaft. Ist das Geflügel auf dem Hofe scheu, so sind
die jungen Schweinchen in der Stube um so zutrau=

licher, so daß Du Mühe haft sie abzuwehren, die gar
zu gern an Deiner Mahlzeit theilnähmen. Warst Du
nicht so glücklich Dir ein Extra=Gericht zu erobern,
so mußt Du Dich um die gemeinfame Schüssel setzen,
in welche der Handžija mit seinem Löffel zuerst hinein=
fährt und Dir, wenn er Dich als ungewohnten Gast
auszeichnen will, denselben, nachdem er dreimal hinein=
gespuckt und ihn dann mit einem Lappen seines schmie=
rigen Gewandes rein (?!) gewetzt, zu Deinem Gebrauche
hinhält. Lehnst Du es ab und ziehst Du vor Dich
Deines eigenen Löffels zu bedienen, so schmunzeln die
Andern und winken einander überlegen zu, weil Du
nicht weißt was Sitte und Höflichkeit ist.

Du begibst Dich zur Ruhe, d. h. Du willst Dich
zur Ruhe begeben; ob Du sie finden wirst, ist eine
andere Frage. Nicht die hölzerne Pritsche wie man
sie in unsern Wachtstuben findet, oder der vielgebrauchte
garstige Teppich mit eben solchen Pölstern die man
Dir zur Lagerstätte anweist, wird Dich daran hindern;
denn Du bist müd, und Müdigkeit ist der beste Ein=
luller, wie Hunger der beste Koch. Aber was lebt nicht
alles auf dieser schönen Welt, und will leben! Dein
Tagewerk ist vollbracht, aber das Nachtwerk einer unge=
zählten unsichtbaren ungreifbaren Fülle winzig kleiner
Wesen beginnt. Vergebens windest Du Dich, sträubst

Du Dich, wirfst Dich aus einer Lage in die andere.
Voll Marter und Entsetzen springst Du endlich auf,
machst Licht, hältst es gegen den Kampfplatz Deiner
unerbittlichen Feinde und rufst mit dem Erbarmungs-
schrei des unglückseligen Montgomery:

Haltet ein Furchtbare! Nicht den Unvertheidigten
Durchbohret! . . . .
Zu euren Füßen sink' ich wehrlos flehend hin,
Laßt mir das Blut des Leibes, nehmt ein Lösegeld!

Umsonst, sie nehmen kein Lösegeld, sie wollen das
Blut Deines Leibes. Und nicht das Gethier unserer
Regionen, dessen Namen wir nicht gern aussprechen
und dessen zudringliche persönliche Bekanntschaft wir
noch weniger gern machen, allein ist es, das es auf Deine
Ruhe abgesehen hat. Noch ganz eigene kleine Peiniger
gibt es da, von denen der Preuße Maurer eine zum
beißen ähnliche Schilderung geliefert und für die er
den Namen „Bosniaken" in Vorschlag gebracht hat.
Ja, man spricht von Skorpionen, die in dem Haus
hier und da ihren nächtlichen Rundgang machen. Daß
sich auf Sir Gardner Wilkinson, als er in dem Dorfe
Čaplina südlich von Počitelj im Einschlummern begriffen
war, eine Katze mit ihren Jungen legte, soll nur als
Ausnahmsfall, dessen Wiederkehr Du nicht so leicht
zu besorgen hast, angeführt werden. Doch selbst wenn

Deine Haut unverwundbar wäre wie die des ge=
hörnten Siegfried, Du müßtest Dir auch die Ohren
verstopfen wie Odysseus, denn eine andere Plage
wartet Deiner in Städten und größern Ortschaften,
wo Du mitunter einen leiblich guten Han und ein
Bett in halbwegs europäischem Zustand triffst. Ein
Hund in Deiner Nachbarschaft fährt klaffend auf, und
Du mit ihm aus Deinem ersten Schlaf; er hat etwas
Verdächtiges gehört, und beginnt ein Wuth= oder Jammer=
geheul, in das seine nächsten Commilitonen einfallen,
und so immer weiter, bis alles was Hund heißt in
der ganzen Runde an dem Höllen=Concert theilnimmt.
Auf einmal ein scharfer Laut, eine plötzliche Stille, ein
wiederholtes Klatschen und Patschen . . . offenbar ist
einem der aus dem Schlafe geweckten Hausherrn der
Spektakel zu toll geworden und er karbatscht seinen
Phylax tüchtig durch, worauf der Lärm eine Weile mit
verstärkter Heftigkeit losbricht, aber dann allmälig, schon
durch die Ermüdung der Bestien, längere und längere
Pausen eintreten, bis zuletzt alles wieder still wird.
Du aber bist um die erste Hälfte Deines Schlummers
gebracht, und magst schauen, ob und wie Du die zweite
findest. Der schon genannte Franz Maurer, der einen
Theil von Bosnien durchflogen und darüber ein sehr
lehrreiches Buch geschrieben hat, worin er nur unritter=

lich) und undankbar seinem Vorgänger Roskiewicz, der alt
Pfadfinder die schwierigere Aufgabe hatte, überall etwas
am Zeuge zu flicken sucht, versichert den Leser: „Ge=
schlafen habe ich während meines Aufenthaltes in
Bosnien nur in Banjaluka und Sarajevo, und zwar
in europäisch eingerichteten Zimmern und Betten;
außerdem in Travnik auf einer eisernen Bettstelle, und
in Dolnja Tuzla, sowie in Brčka auf den erhöhten
Polstern in den dortigen Kanzleien als Gast der tür=
kischen Behörden."

*   *   *

Der Volksstamm, von welchem die Bosna und
Hercegovina bewohnt werden, ein Zweig des großen
serbisch=kroatischen Stammes, ist in seiner körperlichen
Erscheinung einer der edelsten; seine Sprache, von den
muhamedanisirten vornehmen Bosniern besonders schön
gesprochen, ist, obwohl etwas mit türkischen Ausdrücken
untermischt, eine der wohllautendsten der slavischen Race.
Die Bosnier und Hercegoviner sind mäßig und genüg=
sam, in hohem Grade sittlich, von natürlicher Begabung
und nicht ohne Verlangen besseres zu lernen, kurz
sie besitzen eine Menge der trefflichsten Eigenschaften:
nur mit allem, was in das Gebiet der Kallobiotik ein=
schlägt, haben sie wenig oder nichts zu schaffen.

Wenn wir uns ein schottisches Bauernhaus und dessen Angehörige vorstellen, aus dem Lande der alten Pikten und Skoten, oder eines in der Normandie, dem Sitze der Cäsar=berühmten Gallier, oder ein sächsisch=altenburgisches oder eines aus den fruchtbaren Nieder=ungen der obern Elbe und der Adler, mitten in der einst verrufenen Wildnis des unabsehbaren hercynischen Forstes, oder eines aus den tyrolischen und inner=öster=reichischen Bergen, dem alten Rhätien und Norikum, und wenn wir das Bild dagegen halten, das uns eine bosnische oder hercegoviner Häuslichkeit bietet, welcher Abstand! Alles befindet sich da in einer Art Ur=zustand. Die Bestellung der Felder ist auf der untersten Stufe. Ein Pflug aus einem starken Baumstamm ohne ein Stückchen Eisen, vier, sechs, auch acht Rinder bevorgespannt, die von zwei, drei und mehr Personen unter großem Geschrei angetrieben werden; hinter dem pflü=genden Bauer das Weib oder die Tochter, die in die Risse — Furchen kann man es kaum nennen — den Samen streut, über den sie mit ihrem nackten Fuße leichthin Erde schiebt. Oft vertreten Ruthen und Dornen die Stelle der Egge, den Rechen kennt man nicht, eben so wenig den Dreschflegel; die Körner werden aus den Aehren durch darübergejagte Pferde ausgetreten. Brach=wirthschaft versteht sich von selbst, von rationellem Frucht=

wechsel keine Spur, Raubbau der unbekümmertsten Sorte.
Die Last = und landwirthschaftlichen Wagen (arabá)
ohne eisernen Reif oder Nagel an Achse und Deichsel,
auf Rädern oder vielmehr hölzernen Scheiben, die der
Bauer selbst geschnitten, nicht rund, sondern sechs= oder
achteckig, in oval ausgeschliffenen ungeschmierten Achsen=
löchern: man kann sich das Gekreisch und Gekrach vor=
stellen das ein solches Vehikel auf holprigen steinigen
Wegen verursacht!

Die Wohngebäude in der primitivsten Weise auf=
geführt, häufig ebenerdig mit zwei Gelassen, von denen
das eine als Küche Speisezimmer und Berathungssaal
dient; in der Mitte ein großer viereckiger Stein,
über welchem fast den ganzen Tag das Feuer brennt
und ein großer Kochkessel hängt; ohne Schornstein, so
daß sich der Rauch seinen Weg durch Thüre und
Fenster sucht; letztere mit Läden schlecht und recht zu
schließen, oft mit Papier verklebt, Glasscheiben ein
unbekannter Luxus. Wenn das Haus ein Stockwerk
hat in welches eine steile Holztreppe hinaufführt, so
dienen die obern Räume der Familie, die untern der
Dienerschaft und dem Vieh; beide scheidet eine einfache
Bretterlage durch deren Spalten Flüssigkeiten, die man
oben ganz ungenirt ausgießt, auf die Köpfe der unten
Weilenden herabträufeln . . .

Am Ende, will man sich über die Anspruchslosigkeit
wundern, in welcher der serbische Kmet (Unterthan,
Bauer) sein äußeres Leben dahinbrachte, wenn eine
hohe türkische Obrigkeit in ihren Wohn= und Amts=
Räumlichkeiten kaum besser versorgt war?! Man be=
trachte das Bild das uns Spiridion Gopčević in der
„Heimat" (1878 II. S. 729) von der einstöckigen
„Amtswohnung" des Kaimakam von Gacko, den er
mit seinen Begleitern aufsuchte, entwirft! Ein Stall,
dessen Düfte die Eintretenden zwangen das Taschen=
tuch vor die Nase zu halten, als „Vorzimmer"; ein
Gemach wie ein großer Kamin mit angeräucherten,
von zollbickem Ruß bedeckten Wänden als „Speise=
zimmer"; darüber, unmittelbar unter dem Dache, ein
winziges Kämmerchen mit einem kleinen runden Fenster=
loch als „Schlafzimmer", und hart daran eine größere
Dachkammer mit drei Fensterlöchern als „Arbeits= Sitz=
und Berathungs= und zugleich Fremden= Zimmer",
mit einem sehr niedern und primitiven Tisch in der
Mitte und um diesen herum etwa ein Dutzend sehr
unsaubere Kissen, deren Zustand den Reisenden der=
artiges Mistrauen einflößte, daß sie es gerathen fanden
sich über Nacht in ihre Plaids zu hüllen.

Man wird zugeben, als Civilisator, wofür man von
gewisser Seite und vor gewisser Zeit ihn auszugeben

2*

eifrigst bestrebt war, hat es der Türke nicht weit ge=
bracht, und viel näher läge die Behauptung und viel
sprechender ständen die Beweise zu Gebote, wenn man
ihn einen Entcivilisator nennen wollte. Man blicke, was
den Punkt der Verkehrswege betrifft, in das Fürsten=
thum Serbien, wie ganz anders dort so manches ge=
worden ist, seit es nicht mehr unter der barbarischen
Herrschaft des Halbmondes steht! In den meisten
Theilen des Landes gibt es regelrechte und gute
Straßen, wobei die Regierung auch für bessere Ein=
kehrhäuser sorgt; man darf dabei allerdings nicht an
schweizerische oder rheinländische Hôtels denken, aber
man findet doch eigene Zimmer für Fremde, gegen die
frühern Zustände ein gewaltiger Fortschritt. In ähnlicher
Weise wird sich, so steht zu erwarten, das unabhängig
gewordene Rumänien, das neu erstandene Bulgarien all=
mählig entwickeln.

Und Bosnien und Hercegovina? Wenn man sich
die Leistungen unserer trefflichen technischen Corps gegen=
wärtig hält, wie sie, um den Vormarsch der Colonnen
mit Geschütz und Wagen möglich zu machen, binnen wenig
Stunden oder über eine Nacht Fahrstraßen herstellten,
wo kurz zuvor kaum das Saumthier oder ein einzelner
Reiter fortkommen konnte, so ist es wohl nicht zu
sanguinisch die Erwartung zu hegen, daß binnen Jahr

und Tag ein Netz sicherer und bequemer Heerstraßen
sich über Gebiete ausbreiten wird, denen die Natur so
viel und so reiches geschenkt hat, was bisher, abge=
sehen von andern Gründen, wegen der Mangelhaftigkeit
aller Wege und Mittel des Verkehrs ungeschätzt und
unbenützt dahin liegen mußte. Der Oesterreicher hat
hier das Werk des Römers wieder aufzunehmen, und
wie diesem seine Legionen das Land, das sie mit dem
Schwerte erobert, durch Anlegung von Straßen, durch
Besiedelung von Kolonien und Municipien, durch Ur=
barmachung und Pflege des Bodens — man er=
innere sich an die Einführung der Weinrebe im Save=
Gebiete unter Kaiser Probus — wirthschaftlich, ver=
kehrlich und gesellschaftlich näher brachten, so werden
unsere Brigaden und Divisionen, nachdem sie sich erst
mit dem Bajonnet Bahn gebrochen, den Künsten und
Segnungen eines erwerbthätigen Friedens, einer neuen
schöpferischen und gefälligeren Ordnung der Dinge eine
Stätte bereiten . . .

*   *   *

Von den Römern bis auf uns!
Anderthalb Jahrtausende liegen dazwischen!
Wie konnte es geschehen, daß europäische Länder,
die zu Diokletian's und Theodosius' Zeiten auf durchaus

keiner höhern, ja zum Theil — man denke z. B. an den skandinavischen Norden — auf einer viel tiefern Stufe der Bildung standen als das damalige Illyricum, heute ein Bild vollendetster Cultur und Civilisation darbieten, während die Zustände in dem dalmatinischen Hinterlande nicht im entferntesten mehr an dessen alte Bildungsstufe erinnern?!

II

Das Land Rama und das Herzogthum vom heiligen Sava.

Der langgedehnte Küstenstrich von Dalmatien mit seinem bergigen Hinterland hat im frühen Mittel= alter den Tummelplatz gothischer slavischer ava= rischer Raub= und Wanderzüge, Ueberfälle und Kämpfe abgegeben, bis 630—640 die Slaven vollständig und bleibend von dem Gebiete Besitz nahmen. Sie haben dann vielfach den Herrn gewechselt. Von Byzanz ziem= lich unabhängig schienen sie eine Zeit die fränkische Oberhoheit anerkennen zu wollen, als Herzog Paul von Dalmatien und Bischof Donatus von Jadera 806 Gesandte an Karl den Großen abschickten, der sie zu Diedenhofen herrenfreundlich aufnahm. Beinahe ein

halb Jahrhundert später vereinigt der Chorvaten=Fürst
Trpimir unter seinem Scepter das ganze Gebiet, dessen
am Meer gelegene Theile seit langem von den Sara=
cenen zu leiden hatten. 869 verbindet sich Fürst Domagoj
mit Kaiser Ludwig II. zur Bezwingung des kühnen
Räubervolkes, was 871 mit der Einnahme von Bari,
ihrem Hauptsitze in Unter=Italien, glücklich zustande
kommt. Aber mittlerweile haben die wilden Naren=
tiner, Anwohner der Narenta, also im Umfange der
heutigen Hercegovina, selbst Gefallen am Korsarenthum
gefunden und machen die Küstenstriche zu beiden Seiten
des abriatischen Meeres weithin unsicher. Das führt
zu einem Bündnisse der Chorvaten mit den Venetianern,
deren Doge Peter Candiano mit einer gewaltigen Flotte
gegen die Narentiner auslauft, 887. Nächst Zara
kommt es zur Seeschlacht, der Doge fällt, sein Admiral=
schiff wird Beute der Narentiner, welche nur die Leiche
des Seehelden ihren Feinden ausliefern.

Zu Anfang des zehnten Jahrhunderts unserer Zeit=
rechnung gelingt es den Groß=Zupanen von Serbien,
das Gebiet der Narentiner, jenes von Hum (Chlum),
gleichfalls in der heutigen Hercegovina, sowie das der
Bosna und Una zu ihrer Herrschaft zu schlagen. Doch
bald darauf finden wir das narentinische Schiffsvolk
wieder in voller ungebundener Thätigkeit; sie nehmen

es selbst mit den Saracenen auf, steuern nach Apulien hinüber, wo sie Manfredonia belagern. Zuletzt bietet Venedig seine ganze Macht auf, dem Treiben des un= bändigen Slavenstammes ein Ende zu bereiten. Peter Urseolo II. verläßt im Mai 997 Venedig, lauft im Triumphe im Hafen von Zara ein, nimmt bei der Insel Curzola vierzig Korsarenschiffe gefangen, erobert eine Insel, bezwingt eine Stadt nach der andern, beugt den Fürsten der Narentiner der sich verpflichtet die venetianische Flagge künftig zu schonen, empfängt die Huldigung der Stadt und des Bischofs von Ragusa und legt sich 998 den Titel eines Herzogs von Dal= matien bei.

Um dieselbe Zeit hat Držislav unter dem Schutze von Byzanz, dessen Patricier er hieß und das ihm die königlichen Würdezeichen dazu sandte, den Titel eines Königs von Chorvatien und Dalmatien ange= nommen. In den Kämpfen, die sich darüber zwischen den Chorvaten=Fürsten und den venetianischen Dogen entspinnen, bleiben diese anfangs Sieger. Otto Urseolo zwingt 1018 Krjesimir III. um Frieden zu bitten. Doch dessen Nachfolger Peter Krjesimir IV., zubenannt der Große, erobert mit byzantinischer Hilfe den ganzen Land= strich zurück, worauf der Doge Domenico Contarini den Titel eines Herzogs von Dalmatien aufgibt, 1069.

Bosnien, oder doch ein großer Theil beffen was wir heute so nennen, war damals in Banate getheilt: 1080 erscheint der Banus von Rama unter jenen sieben, die, wie die deutschen Kurfürsten den römischen Kaiser, den König von Kroatien wählten.

Gegen Ende des eilften Jahrhunderts begann Ungarn merklicher in die Schicksale der westlichen Südslaven-Gebiete einzugreifen. Im Jahre 1091 setzte König Ladislaus seinen Sohn Almus als Herzog von Kroatien ein; 1102 ließ sich Koloman vom Erzbischof Crescentius von Spalato in Biograd (Zara vecchia) krönen; 1105 unterwarf sich ihm, nach langer Belagerung, Zara und ließ den Sieger im Triumphe einziehen. In Zara wurde eine Veste für die ungarische Besatzung erbaut, Spalato opferte für letztern Zweck den Osttheil des diokletianischen Palastes. Nach Koloman's Tode, 1114, gingen allerdings diese Eroberungen wieder verloren, der Doge Ordelafo Falieri nahm Zara ein, jagte die ungarischen Truppen in die Flucht, ließ die Mauern von Sebenico schleifen und zerstörte Biograd. Es gab jetzt langdauernde und wechselvolle Kämpfe zwischen Ungarn und Venedig um den Besitz der östlichen Adria; allein den Anspruch, den die Nachfolger Ladislaus' auf diese Gebiete erworben, gaben sie nie wieder auf und führten, wenn sie auch thatsächlich aus

dem Besitze verdrängt waren, die Titel davon ununter=
brochen fort. Für das Gebiet der Narenta hießen sie
sich nach der Hauptstadt „Chlumae Duces." In
einer Urkunde des blinden Königs Bela II. von 1138
kommt zum erstenmal die Benennung „König von
Rama" vor, wie Bosnien damals geheißen wurde.
Nach seinem Tode, 1141, fielen Ungarn mit Kroatien
und Dalmatien an Geisa, Syrmien an Stephan, Rama
an Ladislaus.

Die ungarische Herrschaft war nicht bleibend.
Rama und das Gebiet der Narenta behielten nicht blos
ihre administrative Eigenart, sondern gewannen mit der
Zeit auch politische Selbständigkeit, die sie sowohl gegen die
Könige von Ungarn als gegen die Fürsten von Rascien —
Serbien, von der Stadt Rasa, jetzt Novipazar, und dem an=
liegenden Gau Rašani; daher Rassiani, magyar. Ráczok,
Rázen, Raizen — zu behaupten suchten. Die Regierung der
Bane Borić 1141—1168, und Kulin 1168—1204, gelten
den Bosniern noch jetzt als ein goldenes Zeitalter; Nach=
kommen aus dem Geschlechte sollen bis auf den heutigen
Tag leben; die Begs von Kulin Vakuf (Novo Selo an
der Una) betrachten sich als solche. Unter Kulin
herrschten Ordnung und Wohlstand im Lande, Handel
und Gewerbe blühten, der Bergbau gab reiche Beute.
Auch die byzantinischen Kaiser hörten nicht auf

eine Art Oberhoheit über die Gebiete im Osten der Abria zu beanspruchen; doch war es mehr Name und Form. Im Frühjahr 1221 auf der Synode von Nicäa erlangte der Mönch Sava (Sabbas) vom Berge Athos, der jüngste Sohn des Groß=Zupan Śćepan Nemanja, vom Kaiser Theodor Laskaris und dem Patriarchen Germanos die Erlaubnis ein selbständiges serbisches Erzbisthum zu errichten. Nach seinem Tode, 14. Ja= nuar 1237, wurden seine irdischen Reste mit großer Andacht und Feierlichkeit erhoben und im Kloster Mileševa nächst Prjepolje beigesetzt. Er galt von da an allen Südslaven als National=Heiliger, gleich seinem Vater, der nach einer ruhmvollen Regierung sein Leben gleich= falls als Mönch auf dem Berge Athos geendet hatte und als heiliger Simeon verehrt wird.

In der ersten Hälfte des vierzehnten Jahrhunderts begann die Macht der Fürsten von Bosnien sich zu heben. Śćepan IV. Kotromanović nannte sich 1326 „Ban von Bosnien, Fürst von Hum." Fünfzig Jahre später, 1376, hebt mit Śćepan Tvrdko I. die Reihe der bosnischen Könige an. Nachdem dieser hiezu die Genehmigung Ludwig des Großen von Ungarn angesucht und erhalten hatte, ließ er sich im Kloster des heiligen Sava krönen. Er erwarb das Zahumer Land, sowie einen Theil von Dalmatien und schlug sich tapfer mit den

Türken. Er nannte sich König von Serbien, Bosnien und Primorje. Das Gebiet von Hum verlieh er dem Groß-Vojvoden Vladko Hranić als Lehen, der gleich seinem Sohne Sandal Hranić glücklich gegen die Osmanli kämpfte. Dem Könige Tvrdko I. folgte 1391 Stćepan Dabiša, 1397 Stćepan Tvrdko II., den im Jahre darauf Stćepan Ostoja vom Throne stieß. Im Jahre 1418 riefen die Bosnier den Stćepan Ostojić statt dessen Vaters zum Könige aus, was zuletzt damit endete daß eigentlich alle drei bis an ihr Lebensende regierten: Ostoja † 1424, Ostojić † 1435, Tvrdko II. † 1443. Während dieser bosnischen Thronstreitigkeiten gewannen die Fürsten von Hum an Ansehen und Macht, bis sich Stćepan Kosača im Jahre 1440 von Kaiser Friedrich IV. das Wächteramt am Grabe des heiligen Sava mit dem Titel eines „Herzogs des heiligen römischen Reiches" erwarb; sein Land hieß von da an „Herzogthum vom heiligen Sava", woraus abgekürzt der heutige Name Hercegovina, türkisch Hersek, wurde.

Die Tage des bosnischen Königreichs waren ge=zählt. Die Nachfolger von Tvrdko II. erkauften sich eine Zeitlang durch Zinspflicht und Demüthigungen ihre Unabhängigkeit von der neuen mächtig aufstrebenden türkischen Macht, bis der letztern erneute Thronstreitig=keiten und Wirrnisse im Lande willkommenen Anlaß

zur Einmischung boten. Im Jahre 1460, auf der Hoch=
ebene von Bjelaj (Bjelajsko Polje), deren Veste er gegen
einen störrischen Vasallen belagerte, wurde Šćepan
Tomaš Ostojić in seinem Zelte erwürgt; die Thäter
waren sein Halbbruder Radivoj und sein natürlicher
Sohn Šćepan, der sich zum Nachfolger des Ermordeten
ausrufen ließ. Die Königin=Witwe Katharina bat den
Sultan Muhamed II. um Hilfe, der mit einem großen
Heere 1462 in das Land fiel und es mit Feuer und
Schwert verheerte. Šćepan rief sein Volk in die
Waffen, wandte sich an den Papst, nach Venedig, nach
Ungarn um Hilfe und schloß sich in seine Burgen.
Doch das feste Bobovac fällt durch Verrath, Jajce
leistet keinen Widerstand, Šćepan flieht nach Ključ, wo
ihn die Türken einschließen und, gegen das Versprechen
ihm das Leben und einen Theil seines Gebietes zu
lassen, zur Uebergabe bringen. Allein Muhamed be=
nutzt den Vertrag nur, um sich die festen Plätze des
Landes einräumen zu lassen; nachdem das binnen wenig
Tagen vollzogen ist, läßt er sich durch seinen Mufti
von der gemachten Zusage entbinden. Auf dem Felde
von Blagaj, an dem Zusammenfluß der Japra und der
Sana, hält der türkische Eroberer blutiges Gericht über
Alle, die nicht den christlichen Glauben abschwören
wollen. Da gingen an einem Tage, 30. Juni 1463,

elendiglich zugrunde: der König Sćepan Tomaśević —
es heißt, der Sultan habe ihm mit eigener Hand den
Kopf abgehauen —, dessen Ohm Radivoj, viele Fürsten
und Heerführer, die Blüthe des bosnischen Adels. Dreißig=
tausend Knaben ließ der Sultan unter seine Janićaren stecken,
zweihunderttausend Einwohner, Männer Weiber Kinder,
in die Sclaverei abführen. Mit Bosnien fiel auch
Rascien, unter türkische Botmäßigkeit; es wurde zur Pro=
vinz des Beglerbegs von Rumili geschlagen.

Jetzt erst brach Mathias Corvinus von Ungarn
auf. Noch im Herbst 1463 eroberte er den größten
Theil von Bosnien, zog in das Gebiet des heiligen
Sava, dessen Herzoge er vergebens zum Anschlusse zu
bewegen suchte. Sie zogen es vor, den Türken Tribut zu
zahlen und unter dem Schutz des Sultans, als des
nähern und mächtigern Feindes, ihr Dasein zu fristen.
Auch das währte nicht lang. Zwanzig Jahre nach
dem Falle Bosniens, 1483, hatte es auch mit der
Selbständigkeit des Herzogthums vom heiligen Sava
ein Ende.

* * *

Im Jahre 1423 hatte sich ein gewisser Sćepan,
von seiner dunkeln Hautfarbe mit dem Beinamen Crni,

ter Schwarze, zum Herrn der Zeta, der Landschaft am
norböstlichen Rande des Sees von Skutari, gemacht
und seine Unabhängigkeit in wiederholten Kämpfen gegen
die Türken behauptet. Sein Sohn Jvan Crnojević,
1449, ging ein Bündnis mit den Venetianern ein,
wurde aber von diesen später verlassen, so daß er sich
um dieselbe Zeit, da es mit der Selbständigkeit der be=
nachbarten Hercegovina zu Ende ging, mit seinem
Völklein nicht blos gegen den Anprall der Türken, son=
dern auch gegen die heimtückische Ländergier der Dogen
von Venedig zu vertheidigen hatte. Aber was half
Tapferkeit gegen drängende Uebermacht? Eine Ort=
schaft um die andere ging gegen das Meer hin an die
Venetianer verloren, vor allem das wichtige Skutari;
von der Landseite gewannen die Türken im Laufe der
Jahrzehnte immer mehr Raum, so daß Jvan mit
den Seinigen zuletzt auf den kleinen dürftigen düstern
Fleck der Katunischen Felsen zurückgedrängt wurde.
Aber hier in den „schwarzen Bergen" — Crnagora =
negro monte = Montenegro — blieben sie unan=
greifbar; jeder Paß, jede Enge wurde benutzt den Zu=
gang zu verhindern, Burgen auf beherrschenden, kaum
erkletterbaren Kegeln erbaut. Jeden streitbaren Mann
ließ Jvan schwören, bis zum letzten Blutstropfen zu
kämpfen. Als Gesetz galt: wer den ihm angewiesenen

Poſten verließe ohne vom Führer abberufen zu ſein, der
werde ausgeſtoßen aus dem Kreiſe der Männer, in
Frauenröcke geſteckt, mit dem Spinnrocken ſtatt mit
Flinte und Handžar in der Hand den Weibern und
Kindern zum Geſpötte gegeben. Cetinje war der Haupt=
ort des kleinen Berglandes, dort gründete Ivan ein
Kloſter, dort nahm ein Biſchof ihres Ritus ſeinen Sitz.
Ivan's vierter Nachfolger, Georg Crnojević II., ver=
mählte ſich mit einer Tochter aus dem Hauſe Mocenigo,
welcher es in den ſchwarzen Bergen nicht behagte, bis ihr
Gemahl 1516 die Regierung in die Hände des Biſchofs
(vladika) German niederlegte und ſich nach Venedig
in's Privatleben zurückzog. Von dieſer Zeit hatten die
Crnagorcen in ihrem Vladika ihr geiſtliches und welt=
liches Haupt, unter welchem der Vojvode des Katuniſchen
Bezirkes als Gubernator die Verwaltung leitete.

Im größern Theile von Bosnien, namentlich im
Gebiete von Jajce und in der Krajina, herrſchte noch
fortwährend der Ungar, ſo daß die Macht des türkiſchen
Statthalters kaum ein bis zwei Tagerciſen über Bosna
Sarai (Sarajevo) hinausreichte. Wiederholt boten die
Osmanen ihre Kräfte auf um Jajce zu erobern, ſo
1500, 1519, 1524, wo die Veziere von Serbien und
Bosnien vereint mit dem Beglerbeg von Rumili heran=
zogen, aber jedesmal nach erbitterten und blutigen Kämpfen

3*

aus dem Felde geschlagen wurden. Da kam der Un=
glückstag von Mohač, 29. Auguft 1526, wo König
Vladislav's Nachfolger und Sohn, der jugendliche Lud=
wig, Schlacht und Leben gegen seinen wilden Gegner
Sultan Suleiman verlor. Damit war auch die un=
garische Herrschaft in den süblichen Gebieten erschüttert,
nach zehntägiger Belagerung fiel Jajce, deffen Veste
durch mehr als sechszig Jahre so viele Angriffe und
Stürme siegreich abgeschlagen hatte, und der Halbmond
herrschte unbeftritten im ganzen Gebiete der Bosna und
Hercegovina. Nur der Küftenftrich des venetianischen
Dalmatien und das crnagorische Felsenneft trennten die
Türken von dem öftlichen Geftade der Adria.

* * *

Ueber die eroberten Gebiete brach jetzt eine Zeit
unsaglichen Jammers und Elends herein. Sie wurden
nach türkischer Sitte in Sandžaks (Provinzen) und
diese in Kapetanschaften abgetheilt; erftere mit einem
Sandžak Beg an der Spitze waren Banjaluka, Klissa
(später Skoplje, Dolnji Vakuf), Zvornik, Moftar;
letzterer gab es bei dreißig, an ihrer Spitze ftand je ein
reicher Grundherr, Kapetan genannt; der kleine grund=
besitzende Adel waren die Agas. Ein großer Theil der
bosnischen vornehmen Geschlechter und mit ihnen viel

unterthäniges Volk nahm, um den Verfolgungen zu entgehen und sich im Besitz ihrer Rechte und Frei= heiten zu erhalten, die Religion der Sieger an und drückte und mißhandelte ihre früheren Glaubensge= nossen — Rajah, d. i. Heerde, nannte man sie jetzt mit einem Sammelnamen — ärger als die gebornen Muslims. In minderem Grade war dies, mindestens was die Masse des Volkes betraf, in der Hercegovina der Fall, besonders in den südlichen Gegenden, wo die Natur größere Hilfsmittel bot sich gegen einbringende Feinde und drohende Gewaltthätigkeiten zu schützen. Auch war es hier das nahe Beispiel der Katunska Nahia, das ermunternd wirkte.

Tausende von bosnischen und hercegoviner Familien flüchteten mit ihrer beweglichen Habe in die Nähe der schwarzen Berge oder über die Gränze, nach Dal= matien, unter den Schutz der Republik Ragusa, nach Slavonien und Kroatien, bis nach Krain. Hier in der Gegend von Mettling, Sichelburg und Kostel wies Ferdinand I. 1530—1541 dreitausend „Herübergelau= fenen", Uskoken, Wohnsitze mit voller Steuerfreiheit an und legte ihnen als Gegenleistung nur auf, in steter Bereitschaft gegen die Türken zu sein, auf was sie mit Freuden eingingen. Sie betrugen sich aber mit der Zeit so unmanierlich, raubten und mordeten, über=

fielen Waarenzüge auf dem Wege von Triest nach
Inner-Oesterreich, griffen Herrschaftsschlösser an, die sie
ausplünderten, daß es fortwährend Klagen und Be=
schwerden bei der Regierung gab. Auch um Zengg und
in andern Gegenden des Küstenlandes wurden bosnische
und serbische Uskoken angesiedelt, die im Frieden ebenso
unbändig waren und der kaiserlichen Regierung wieder=
holt Verbrießlichkeiten mit der Republik Venedig zu=
zogen. Das alte Narentiner Blut wurde in ihnen
wieder lebendig, sie machten, wie ein paar Jahrhunderte
früher, die abriatischen Gewässer unsicher und reizten
die dalmatinischen Provveditoren der Republik zu scharfen
Maßregeln. Gio. Bembo, Neffe des Provveditore Al=
varo Tiepolo, schloß 1597 ein uskokisches Seeräuber=
Geschwader in einer Bucht zwischen Sebenico und Traù
ein; doch sie entkamen in einer stürmischen Nacht. Um
1600 wollte der kaiserliche Statthalter Jos. Rabatta mit
den Zengger Uskoken Ernst machen, ließ zwei ihrer
Vojvoden gefangen nehmen und aufknüpfen, entwarf
einen Plan, sie in andere Theile des Landes zu schaffen
oder als Besatzung der Gränz=Festungen gegen die
Türken zu verwenden; allein eines Tages wurde er in
seinem Gemach überfallen und ermordet. Die Uskoken
trieben es jetzt ärger als früher. Bald unternahmen
sie Raubzüge zu Schiffe in venetianisches Gebiet, wo sie

Ortschaften plünderten, Gefangene fortschleppten und Brandstätten zurückließen; bald griffen sie venetianische Staatsschiffe mitten im Hafen an und erklärten öffent= liche und Privat=Gelder, die sich darauf fanden, als gute Beute; oder überfielen den Provveditore von Veglia in seinem Amtssitz und schleppten ihn gefangen nach Zengg, so daß sich Erzherzog Ferdinand von Steier= mark persönlich in's Mittel legen mußte, um ihn der Freiheit zurückzugeben, 1610. Zu Lande waren die Türken ihr Ziel, gegen die sie sich, wenn es Krieg gab, mit Lust und Tapferkeit schlugen; aber auch wenn der kaiserliche Hof mit der Pforte im Frieden war, ließen sie sich trotz der strengsten kaiserlichen Befehle nicht immer halten.

Gleichwohl mochte die österreichische Regierung, trotz aller Verlegenheiten und Händel in die sie durch das unbändige Volk gerieth, ihre kräftigen Arme nicht ent= behren, und als eine Anzahl Zengger Freibeuter den Erzherzog Ferdinand anging, ihnen zu gestatten sich dem Fürsten von Toscana oder jenem von Neapel als Soldknechte zu verdingen, wurde ihnen die Bitte ab= geschlagen, weil Ferdinand fürchtete Zengg und dessen Gebiet von Vertheidigern zu entblößen. Uebrigens war lang nicht mehr alles Bosnier oder Hercegovce, was Uskoke hieß; das zügellose abenteuerliche Leben, das wilde Jagen und Treiben zog lockere Gesellen, Strolche, entlaufene Missethäter aus allen Gegenden herbei, um sich den uskokischen Zügen und Raubfahrten anzu= schließen, freilich auch, wenn sich das Blatt wendete, Gefahr und Strafe mit ihnen zu theilen. Als 1618 am 14. August ein großes Blutgericht gehalten und eine Anzahl Uskoken wegen ihrer Frevelthaten an den Pfahl geknüpft wurde, befanden sich darunter, wie der Engländer Wilkinson erzählt, nicht weniger als neun seiner Landsleute.

III

Prinz Eugen von Savoyen.

as Hinausdrängen der Türken aus Europa und die Wiedergewinnung der Länder, die einst zur St. Stephans-Krone gehört, haben seit der Mohacer Schlacht die Fürsten aus dem Hause Oesterreich nie aus den Augen verloren. In dem Inaugural-Eid der Könige von Ungarn, in den Reichsfahnen und Wappen die bei der Krönung vorangetragen werden, ist die „Recuperation der Avulsen" nie in Vergessenheit gerathen. Auf dem Reichstage zu Regensburg 1518 erhielt Kaiser Max vom Papste einen geweihten Degen und Hut, um die christlichen Heere im Kreuzzuge gegen die muhamedanischen Eindringlinge zu führen; aber

einige Monate später, 12. Januar 1519, war er eine
Leiche. Die heilige Liga, die 1538 zu Rom zwischen
Paul III., Kaiser Karl V., König Ferdinand I. und
der Republik Venedig geschlossen wurde, hatte zum
Ziele: die Türken aus allen europäischen Ländern und
Inseln zu verjagen, das byzantinische Reich wieder her=
zustellen, Karl V. zugleich zum römischen und griechischen
Kaiser zu machen. Im Jahre 1557 beschickte Car
Jvan den Kaiser Ferdinand mit einer Gesandtschaft,
an deren Spitze der russische Metropolit Gregorius
stand und die zum Zwecke hatte, ein Kriegsbündnis
wider den „türkischen Bluthund" zustande zu bringen,
der blos „durch die Mishelligkeit und Vernachläffigung
der vorgewesenen christlichen Potentaten" so mächtig an=
gewachsen und zugenommen, und den man mit vereinter
Macht in Konstantinopel heimsuchen und angreifen solle.
Nachdem der große deutsche Krieg 1629 durch den
Frieden von Lübeck beendigt zu sein schien, einigten
sich Maximilian von Bayern und Albrecht von Walb=
stein in der Ansicht „alles lebige Kriegsvolk zur Be=
freiung der Griechen zu führen"; Maximilian setzte
sich mit dem kaiserlichen Generalate „der kroatischen
windischen und petrinianischen Gränzen" in Briefwechsel
und berieth sich mit Kaspar Scioppius, der wichtige
Verbindungen in Morea, in Epirus Albanien und

Bosnien hatte. Aber das Erscheinen des Schweden=
königs Gustav Adolph biesseits des baltischen Meeres
zündete von neuem die Kriegsfackel in Deutschland an
und alle gegen den Osten gerichtete Pläne mußten auf=
gegeben werden.

Erst die Vernichtung des türkischen Heeres vor
Wien, 12. September 1683, machte den Weg in die
seit mehr als anderthalb Jahrhunderten von dem Halb=
mond beherrschten ungarisch=serbischen Gebiete frei. Nach
dem Falle von Belgrad, 6. September 1688, lagen
Serbien Bosnien Albanien den kaiserlichen Feldherren
offen, und freudig jubelten die geknechteten Länder ihren
Befreiern entgegen. Mit Begeisterung schlossen sich die
wehrhaften Männer an die kaiserlichen Truppen, die
der Markgraf Ludwig von Baden, die Reiter=Generale
Veterani und Fürst Piccolomini siegreich vorwärts führten.
Alles Land von der Save bis Banjaluka wurde besetzt,
der Sandžak=Beg von Zwornik bei Tuzla geschlagen,
ein anderes türkisches Heer bei Kostajnica von Banus
Drašković fast vernichtet, 1689, während von der
Küstenseite die Venetianer Knin Vrlika Sinj Duare
eroberten.

Fürst Piccolomini hatte den Patriarchen Arsenij
Crnojević III. von Peć (türkisch Ipek), dessen kirchliches
Ansehen über alle Gebiete reichte wo Serben vom

griechischen Ritus wohnten, zur Auswanderung nach Oester=
reich bewogen, und so verließen 1689 und 1690 bei vierzig=
tausend rascische Familien ihre Heimat und gelangten,
von crnagorischen Kriegshaufen durch das feindliche
Gebiet geleitet, in den Bereich der kaiserlichen Armee und
dann weiter auf das kaiserliche Gebiet, wo ihnen in
der Požeganer Gespanschaft zwischen der Drau und
Save, in Syrmien, in der Bačka und im temescher
Banat, einigen um Ofen und Komorn, neue Sitze
angewiesen wurden. Es war kein wildes zügelloses
Volk wie weiland die Uskoken, es waren fleißige An=
siedler die sich den Schutz der Gesetze, dessen sie unter
ihrem neuen Oberherrn genoßen, zu schätzen wußten.
Arsenij schlug seinen Sitz in Karlovic auf, das dadurch
zum kirchlichen Mittelpunkt der griechisch=orientalischen
Serben wurde. Zwar blieb der Patriarchenstuhl von
Peć dem Titel nach aufrecht, und Arsenij III. Nach=
folger versuchten sich in ihrem alten Sitze zu erhalten.
Allein die durch reiche Entsendung sehr.gelichtete Schaar
ihrer Getreuen wurde nicht blos von den Türken mehr
als je bedrängt: auch die hellenische Geistlichkeit aus
dem Phanar von Konstantinopel suchte die serbischen
Metropolien und Bisthümer ihres nationalen Charak=
ters zu entkleiden und in den Bereich ihrer Macht=
sphäre zu ziehen.

Von Seiten des kaiserlichen Hofes wurde die süd=
slavische Einwanderung in jeder Weise begünstigt; aber
auch in den von den kaiserlichen Truppen besetzten aus=
wärtigen Gebieten sollte der Rajah aufgeholfen werden.
Ein Aufruf von Leopold I. vom 6. April 1690 an
alle Völker von Illyrien Serbien Albanien Make=
donien Bulgarien verhieß denselben freie Religions=
übung, Eigenwahl ihrer Vojvoden, Wahrung ihrer Rechte
und Privilegien; eine kaiserliche Instruction empfahl
den Generalen Mäßigung gegenüber den neuen Unter=
thanen. Leider verletzte, diesen Befehlen zuwider, der
Herzog von Holstein, der an die Stelle des zu früh
verstorbenen Piccolomini trat, durch herrisches Auftreten,
durch Erpressungen und Ausschreitungen seiner Truppen,
aber auch durch unkluge Bevorzugung der Katholiken
inmitten der überwiegenden Mehrzahl orientalischer
Christen, die kaum gewonnene Rajah, die jetzt einzeln
und in Massen dem heranziehenden Mustapha Köprili
zuströmte und zur Vertreibung der Kaiserlichen aus den
eroberten Gebieten mithalf. Jahre lang währte noch der
Krieg, der Markgraf von Baden erfocht bei Slankamen,
19. August 1691, den schönsten Sieg, Prinz Eugenius
von Savoyen gewann am 11. September 1697 die Ent=
scheidungsschlacht bei Zenta und unternahm im October
darauf an der Spitze von viertausend seiner besten Reiter

und zweitausendfünfhundert Mann auserlesenen Fuß=
volkes einen kühnen Zug in das Herz von Bosnien.
Doboj Maglaj Žepče Vranduk wurden genommen und
besetzt. Allenthalben strömte das christliche Landvolk
herbei, bat um Schutzwachen und um die Erlaubnis
sich dem Heere bei dessen Rückmarsch aus dem Lande
anschließen zu dürfen; durch ganz Bosnien und die
Hercegovina bis nach Albanien hinein ging ein viel ver=
heißender Aufschwung, der die Aussicht in eine glück=
lichere Zukunft an den Namen und Heldenruhm des
Prinzen von Savoyen knüpfte. Am 23. October war
Sarajevo erreicht, das Eugen zur Uebergabe aufforderte.
Doch verrätherisch und wider alles Völkerrecht wurde
auf die Abgeordneten geschossen, der Trompeter nieder=
gehauen, der Cornet schwer verwundet, worauf der
Oberfeldherr die Stadt der Plünderung und dann den
Flammen preisgab. Am 25. October trat er seinen
Rückzug an, wo er alles was türkisch war niederbrennen,
die Schlösser von Vranduk und Maglaj sprengen ließ,
aber bei vierzigtausend Christen, die sich ihm mit ihrer
kleinen Habe anschlossen, über die Save brachte.

Im Frieden, der zu Karlovic am 26. Januar 1799
auf fünfundzwanzig Jahre geschlossen wurde, leistete der
Türke Verzicht auf Ungarn Siebenbürgen Kroatien und
Slavonien; die Inseln der Save sollten ihm und dem

Kaiser gemeinschaftlich gehören; gegen Nordwesten bildete die Una die Gränze zwischen türkischem und kaiserlichem Gebiet. Venedig erwarb zu seinem Dalmatien das 1788/9 eroberte Gebiet bis an die dinarischen Alpen, wogegen Ragusa aus Besorgnis und Misstrauen gegen die Schwester=Republik von der einen Seite seines Gebietes Klek, von der andern Sutorina an die Türken abtrat, jene zwei Einschiebsel, die bis auf die letzte Zeit den dalmatinischen Küstenstrich unterbrachen. Es schreibt sich vielleicht aus jener Zeit her, daß die Krajina den Namen Türkisch=Kroatien führt, während die Venetianer die an ihren Besitz gränzenden hercegoviner Gebiete auch wohl Türkisch=Dalmatien nannten.

* * *

In der Friedenszeit, die jetzt folgte, machten die Türken wiederholte Versuche, den einzigen Flecken zwischen ihren Provinzen Hersek und Albanien dessen sie noch nicht Herr geworden, das Felsennest der schwarzen Berge, in ihre Gewalt zu bekommen. Im Jahre 1699 war Daniel Petrović aus dem Stamme Njeguš zum Vladika erhoben worden, den 1702 Demir Paša nach Podgorica zu einer Unterredung einlud; dort angekommen aber wurde er festgenommen, in den Kerker geworfen und ge=

foltert, bis ihn die Seinen gegen dreitausendsechshundert
Dukaten auslösten.

Auch in der Crnagora hatten sich solche gefunden,
die, um weltlicher Vortheile willen, ihren Glauben ab=
schwuren und aus denen sodann die wüthendsten Gegner
der christlich gebliebenen Bevölkerung wurden. Der
wieder befreite Daniel beschloß, diesen Krebsschaden von
Grund aus zu heilen. Es erging ein Gebot an alle,
die nicht binnen einer gegebenen Frist zum alten Glau=
ben zurückkehren würden, das Gebiet der Berge zu ver=
lassen; die sich nicht gefügt, wurden an einem Tage
überfallen und niedergemacht; am heiligen Christtag
1702 war kein Muslim mehr in seinem kleinen Staate.
Die Kämpfe mit den Türken erneuten sich alle Jahre.
Als Car Peter der Große 1711 die Pforte mit Krieg
überzog, rief er den Vladika von Montenegro zum
Bundesgenossen auf, erkannte öffentlich die Unabhängig=
keit des Berglandes an und erklärte sich zu dessen Be=
schützer. Schon im Jahre darauf machte der Vladika
Daniel Einfälle auf türkisches Gebiet. Der Serasbier
Ahmed Paša lieferte ihm eine Schlacht, in welcher
Daniel verwundet und dreihundertachtzehn Crnagorcen
getödtet wurden; allein der Sieg blieb in den Händen
der letztern, die nur an türkischen Fahnen sechsundachtzig
erbeuteten. Besser glückte es 1713 dem Groß-Vezier

Tuman Paša Kjuprilić, der mit den Pašas von Bosnien und der Hercegovina ein Heer von hundertzwanzigtausend Mann von drei Seiten in die schwarzen Berge führte, alles Land verwüstete, alle Dörfer und Klöster verbrannte und bis nach Cetinje vordrang, das er in Asche legte. Der Vladika floh und barg sich in einer Felsenhöhle. Allein bezwungen war darum das Ländchen doch nicht. Schon 1715 standen frische Heerhaufen desselben im Felde, lieferten den Türken eine Schlacht und fügten zum Schaden die Schmach, indem sechsundbreißig gefangene Begs und Agas gegen ebenso viel Ochsen und . . . Schweine, ein Gegenstand der Verachtung beim Muslim, aus= getauscht werden mußten. Gleich darauf ging der Vladika nach St. Petersburg — die erste russische Reise aus den schwarzen Bergen! — von wo er nebst reichen Geschenken einen Betrag von zehntausend Rubeln zur Wiederherstellung des von den Türken niedergebrannten Klosters von Cetinje und die Zusage einer Jahres= unterstützung von fünfhundert Rubeln zur dauernden Erhaltung desselben nach Hause brachte.

Um diese Zeit war es, wo Sultan Achmed III. den Karlovicer Frieden brach und im Juli 1716 dem Könige von Ungarn und Böhmen neuerdings den Krieg erklärte. Venedig war mit Karl VI. im Bunde, ge= kämpft wurde an der untern Donau und Theiß, sowie

in den östlichen Hinterländern der Adria. Dort erfocht
„der edle Ritter" die Siege von Peterwardein, 5. Au=
gust 1716, und von Belgrad, 16. August 1717, eroberte
das Banat von Temesvar, breitete sich in Serbien, in
Türkisch=Kroatien, im nördlichen Bosnien, in der
Walachei aus. Hier drang der Provvedictore Generale
Mocenigo tief in die Hercegovina ein, legte die Vor=
städte von Mostar in Asche, zwang die Besatzung von
Imoski zur Uebergabe, bis der Vertrag von Passarovic
(Požarevac), 21. Juli 1718, den Feindseligkeiten ein
Ende machte. Diesmal erhielt Oesterreich das temescher
Banat, die Walachei bis an die Aluta, die Festungen
Belgrad Semendria und Šabac mit Serbien bis an
den Timok; von der Save und Una wurde die kaiser=
liche Reichsgränze bei zwei und drei Wegstunden auf
bosnisches Gebiet hinausgerückt. Nach dem Frieden
von Požarevac war es auch, wo die Pforten=Regierung
Rascien, das Gebiet von Novipazar, von der Provinz
Rumili trennte und Bosnien zutheilte, wo es seither
verblieb.

Zwanzig Jahre später brach von neuem der Krieg
zwischen der Türkei und dem Hause Oesterreich aus; aber
es war kein Prinz Eugen mehr da. Man schien am gol=
benen Horn den Tod des unüberwinblichen Helden,
† 21. April 1736, nur abgewartet zu haben, um von

neuem das Glück der Waffen zu versuchen, und in der
That, die Pforte hatte den richtigen Zeitpunkt erwählt.
Am 20. Juli 1737 wurde der kaiserliche General
Baron Raunach bei Oſtrovica an der Una auf's Haupt
geschlagen, während der Prinz von Hildburgshauſen
auf seinem Zuge nach Banjaluka einen Theil seines
alten Kriegsruhms einbüßte. Eben so unglücklich waren
die kaiserlichen Waffen auf dem ungariſch-ſerbiſchen Kriegs-
ſchauplatze. Das Mißgeſchick und wohl auch Ungeſchick
dreier kaiserlicher Generale in drei aufeinander folgenden
Feldzügen, Seckendorf 1737, Königseck 1738, Olivier
Wallis 1739, dazu ſchwere Bedrückung der Bevölkerung
durch Steuern und andere Lasten, auch Kränkung in
Angelegenheiten des Cultus verdarben alles, was ein
Menſchenalter früher der glorreiche Prinz Eugenius gut
gemacht hatte. Im Belgrader Frieden, 18. September 1739, wurden die Donau, die Save und
Una zu Gränzen zwiſchen den Besitzungen des Königs
von Ungarn und Böhmen und jenen des Sultans
beſtimmt.

So ſehr es indeſſen, wie ſo eben erwähnt, manche
der kaiserlichen Generale auf den von ihnen beſetzten
Gebieten in der Behandlung der Rajah verſehen hatten,
ſo daß dieſe wohl gar, in der Unüberlegtheit des erſten
Verdruſſes, den Heeren der türkiſchen Paſas zuſtrömten

und mit diesen gegen die Kaiserlichen gemeine Sache machten: so war dennoch der Abstand der geordneten Zustände unter dem kaiserlichen Regiment, dessen sich große Strecken des serbischen und walachischen Gebietes durch mehr als zwanzig Jahre zu erfreuen gehabt, gegen die türkische Miswirthschaft und Willkür, Härte und Grausamkeit zu groß, um nicht jenem weitverbreitete Sympathien zu gewinnen und zu erhalten. Noch heute zeigen die Mönche dem Besucher des Klosters Ravanica eine Inschrift an der Südwand ihrer Kirche, die dem Kaiser Karl VI. den Dank der Klostergemeinde für den ihr gewährten Schutz und Beistand ausspricht. Als daher durch den Belgrader Frieden die Herrschaft des Sultans neue Ausdehnung gewann, da folgte Crnojević' dritter Nachfolger Arsenij IV. Jovanović dem gegebenen Beispiele und zog sich mit den Bischöfen von Niš Novi= pazar Užica und einer großen Menge ihres gläubigen Volkes auf österreichisches Gebiet; doch wurden viele, auf ihrem Zuge von den Türken angegriffen, nieder= gemacht oder geriethen in Gefangenschaft und Sclaverei. So erging es auch einem Wanderzuge von Clemen= tinern, katholischen Albanesen, die nach dem Rückzuge der kaiserlichen Truppen ihre Wohnsitze verließen um sich jenseits der Save neue zu gründen: in den Rud= niker Bergen wurden sie von dem türkisch=bosnischen

Parteigänger Mehmed überfallen und zu einem großen
Theile erschlagen. Die wenigen, die sich retteten,
kamen als Flüchtlinge auf slavonisches Gebiet; die noch
heute in den Ortschaften Hertkovce und Nikince südöstlich
von Mitrovic lebenden Clementiner sind wahrscheinlich
ihre Nachkommen.

Ueber die in dem dalmatinischen Hinterlande und
in Serbien zurückgebliebene Rajah, natürlich die un=
gezählt größere Masse, entlud sich nun die islamitische
Wuth in vollem Maße. Bischöfe und Priester erfuhren
Martern und Verfolgungen, deren Einzelnheiten nur
zum geringsten Theile aufbehalten sind; so vom Bischof
Euthymios von Samako, der gehenkt wurde. Bald gab
es keine nationalen Bischöfe mehr in den südslavischen
Gebieten. Den Patriarchen von Konstantinopel waren
die gleichnamigen Würdenträger von Trnovo in der Bul=
garei, von Ochrida in Albanien, von Peć in den
Serbenländern längst ein Dorn im Auge. Das
Patriarchat von Trnovo war das erste das einging.
Das von Peć wurde nach dem Tode Hadži Kalinik's,
eines Griechen von Geburt, † 1765, nicht wieder be=
setzt; es lebt aber noch heute auf österreichischem Boden
fort, da die Metropoliten und Patriarchen von Karlovic
als die wahren Nachfolger der Patriarchen von Ipek
anzusehen sind. Am 15. Januar 1767 entsagte auch

der letzte Patriarch von Ochrida seiner Würde, die hin=
fort mit dem Konstantinopolitaner Patriarchate zusammen=
fiel. An die Stelle der frühern nationalen Patriarchen
kamen phanariotische Bischöfe, und die arme Rajah
wußte seither nicht, von wem sie mehr zu leiden hatte:
von dem Uebermuthe und der Grausamkeit der mos=
lemitischen Paſas Begs und Agas, oder von der Hab=
gier, den Erpressungen und der hochfahrenden Willkür
ihrer hellenischen Kirchenfürsten.

*　*　*

Obwohl die Regierungen des christlichen Europa
das ganze vorige Jahrhundert hindurch vollauf mit
ihren eigenen Händeln zu thun hatten, so war der
Plan, die Türken aus dem Welttheile herauszudrängen
in den sie nicht paßten, mit nichten aufgegeben. Es
kamen immer wieder Anlässe wo er von neuem auf=
tauchte, und immer war es das Haus Oesterreich, auf
welches dabei in erster Linie gedacht wurde. So in
der Zeit nach dem Frieden von Karlovic, wo der spa=
nische Cardinal Alberoni alle christlichen Regierungen
zu einem Bündnisse für diesen Zweck zu bewegen suchte;
aus der Theilung der europäischen Türkei sollten dem
Könige von Ungarn und Böhmen die Walachei Serbien

und Bosnien zufallen. Um die Mitte des Jahrhunderts war es Voltaire, der dem Könige Friedrich II. von Preußen den Gedanken nahelegte, sich mit Oesterreich und Rußland in die Balkan=Halbinsel zu t🔲len. In den achtziger Jahren kam dann das Bündnis Joseph II. mit Katharina von Rußland zur Niederwerfung der türkischen Herrschaft in Europa zustande. Die Carin hatte dabei nichts geringeres im Sinne, als die Wieder= aufrichtung des griechisch=orientalischen Kaiserthums von Byzanz. Joseph für seinen Theil wollte sich mit der Stadt und dem Gebiete von Chotin, einem Stück Wa= lachei bis zur Aluta, Nikopolis Vidin und Orsova, zur Deckung von Galizien Siebenbürgen und Ungarn begnügen; außerdem beanspruchte er eine senkrechte Linie von Belgrad bis an das abriatische Meer mit Inbegriff von Venetianisch=Istrien und Dalmatien, für deren Entgang die Republik von San=Marco reichlich durch die Halbinsel Morea, die Inseln Kandia und Cypern entschädigt werden könnte; also ziemlich jene Länderstrecken, die zu Prinz Eugenius Zeiten uns ge= hört hatten oder doch von unsern Fahnen siegreich waren durchzogen worden. Die Carin war mit allen Punkten einverstanden; nur die venetianischen Gebietstheile wollte sie ausgeschlossen haben: „man müsse die Republik wegen der von ihr zu erwartenden Kriegshilfe bei guter Laune

erhalten; Morea und den Archipel dürfe man dem zu
bildenden griechischen Reiche nicht entziehen; Häfen am
mittelländischen Meere könne sich Joseph auf Kosten
der Türkei verschaffen."

Mit dieser Unklarheit in den beiderseitigen Auf=
fassungen kam es zum Kriege, den Katharina 1787,
im Jahre darauf Joseph den Türken erklärte. Die
Crnagora wurde in das Bündnis eingeschlossen; dem
Vladika Peter Petrović Njeguš I. (seit 1782) sagte
man volle Unabhängigkeit von den Türken zu. Auch
die benachbarten Herzegovcen, vorzüglich im Gebiete
von Nikšić, erhoben sich; der k. k. Hauptmann Vuka=
sović vom Likaner Gr. Inf. Regiment wurde ihnen zu=
geschickt, dessen Aufgabe es zugleich war, die Albanesen
wider die Pforte aufzustacheln, Januar 1788.

Im Februar verließ Kaiser Joseph, vom Erbprinzen
Franz begleitet, seine Hauptstadt. „Diese Ungeheuer
sind nicht werth Europa zu bewohnen", sagte er von
den Türken; sich selbst nannte er einen „Rächer der
Menschheit", indem er auszog, im Verein mit seiner
hohen Verbündeten dem türkischen Unwesen für immer
ein Ende zu machen. Die Kaiserlichen rückten über die
Save und erstürmten Šabac. Mit freudiger Begeisterung
erhob sich die Rajah zu unsern Gunsten; Obrist Mihal=
jević trieb an der Spitze eines serbischen Frei=Corps

die Türken über Jagobina und Karanovac vor sich her.
Doch der fernere Verlauf des Feldzuges entsprach nicht
den ersten Erfolgen, obwohl Feldmarschall Loudon mit
dem rechten Flügel bis in das Herz Bosniens drang,
Dubica überwältigte, 26. August, Novi bezwang,
3. October. Die Sendung des Hauptmanns Vukasović
war mißglückt; im Herbst verließ er das Land, wo er
seltene Umsicht Geistesgegenwart und Kühnheit bekundet,
auch manchen Vortheil im kleinen errungen, aber die
ihm gewordene Aufgabe gleichwohl nicht durchzuführen
vermocht hatte. Den Todeskeim im Herzen kehrte
Joseph II. in seine Hauptstadt zurück. Im Feldzuge
von 1789, wo Loudon den Oberbefehl führte, siegten
unsere Truppen bei Fokšany, 31. Juli, und noch ent=
scheidender bei Martinjestie am Rimnik, 22. September.
Allein am 20. Februar 1790 stand das Herz des edlen
Kaisers still und sein Nachfolger Leopold II. trug kein
Verlangen nach einer Fortsetzung des Krieges. Auch
gab es im Innern des Reiches zu viel zu schaffen, als
daß man sich nach auswärts mit dem erforderlichen
Nachdruck hätte beschäftigen können. Am 4. August
1791 kam zu Sistovo der Friede zustande, laut dessen
der Pforte die meisten Eroberungen zurückgegeben wur=
den, mit Ausnahme von Alt=Orsova, Cetin und einem
kleinen Landstrich am linken Ufer der Una.

Auch Crnagora wurde von den vertragschließenden Theilen der Pforte zugesprochen, unter welcher es einen Theil des Paßaliks von Skutari bilden sollte. Freilich mußten sich die Türken das schwarze Bergland erst holen.

IV

Der Drache von Bosnien.

eit Oesterreich sich von der Action im Orient zurückgezogen, waren die einheimischen Völkerschaften auf ihre eigenen Mittel angewiesen. Keine Beihilfe von außen mehr kam ihnen zu statten, ihre Martern und Leiden, ihre Erhebungen und Kämpfe fanden im übrigen Europa kaum Beachtung, wenig Theilnahme, nichts von Hilfe und Unterstützung. Als sich einige Decennien später der griechische Stamm erhob, da zog sich der Philhellenismus durch alle Schichten der europäischen Gesellschaft; Dichter und ernstere Schriftsteller widmeten dem Aufstande die Weihe ihrer Begeisterung, den Nachdruck ihres Wissens, ihrer

Gelehrsamkeit; in den Königsfamilien des Welttheiles suchte man nach dem Haupt auf das man die Krone des jungen Staates setzen wollte. Nichts von alle dem bei den slavischen Leidensgenossen der unterdrückten und nach Befreiung ringenden Griechen! Aus den untersten Reihen des Volkes wuchs da die Bewegung herauf, keine fürstlichen Führer, keine kriegserfahrenen Feldherrn, keine Bewerber um ihren Thron. Männer, die oft nicht lesen und schreiben konnten, standen an ihrer Spitze. Lieder und Gesänge, welche die Thaten ihrer Helden priesen, kamen nicht über die Kreise des eigenen Volkes hinaus; das buchgelehrte Europa hatte keine An= knüpfungspunkte mit, und nahm darum kaum zeitweise journalistische Notiz von ihnen. Was von europäischen Großmächten für sie gethan wurde, waren höchstens ein paar tausend jährliche Rubel die Rußland für orientalisch=kirchliche Zwecke, ein paar tausend jährliche Gulden die Oesterreich für katholische Gotteshäuser und Klöster spendeten.

Das erste der um ihre Befreiung ringenden Länder der westlichen Balkan=Halbinsel war wieder die unbe= siegte Crnagora, die im Frieden von Sistovo den Türken als unterthäniger Bestandtheil zugesprochen war. Das Verheißene zur Wahrheit zu machen sandte die Pforte den Paša von Skutari Mahmud Bušatlija mit einem

gewaltigen Heere gegen das kleine Bergland, 1796.
Der Erfolg war das Widerspiel dessen, was die Türken
im Sinne hatten. In einer blutigen Schlacht bei
Spuž wurden sie auf's Haupt geschlagen und die Be=
zirke der Piperi und Bjelopavlići, die bis dahin das
moslemitische Joch getragen hatten, schlossen sich befreit
dem montenegrinischen Gemeinwesen an. Ein neues
größeres Heer führte, drei Monate später, Mahmud
in den Kampf, der mit einer noch vollständigeren Nieder=
lage der Türken, 22. September beim Dorfe Kruša,
endete; sechsundzwanzig ihrer Anführer fielen; Mahmud
selbst wurde gefangen und getödtet, sein abgeschlagenes
Haupt im Triumph nach Cetinje gebracht. Mit diesem
entscheidenden Siege war die Unabhängigkeit der Crna=
gora gewissermaßen besiegelt und· wurde von den
Mächten stillschweigend anerkannt. Ja Peter Petrović
Njeguš I. dachte an eine Erweiterung seines kleinen
Landes: der Besitz des Seehafens von Cattaro und
des dazu gehörigen Buchtengebietes sollte seinem Völkchen
den Verkehr mit dem übrigen Europa eröffnen. Der
Weltkrieg, der damals zwischen dem republikanischen
Frankreich und den alten Cabineten entbrannte, schien
ihm die Gelegenheit dazu zu bieten. Nach dem Frieden
von Campoformio, der der venetianischen Herrlichkeit ein
Ende gemacht hatte, stieg Peter Petrović von seinen

Bergen herab und erschien vor Budua, das ihm seine
Thore öffnete; doch das Einlaufen einer österreichischen
Flottille unter GM. Rukavina in die Bocche bewog
ihn zur Heimkehr; er habe, erklärte er, die Stadt nur
zur Hintanhaltung der Anarchie besetzt, 1797/98.

Mit dem neuen Jahrhundert begann die Erhebung
der Serben im heutigen Fürstenthum: in Topola an
der Kubršnica stand das Elternhaus des „schwarzen Georg",
Karadjordje, der das Freiheitsbanner gegen die Türken
erhob; ein paar Jahre später tauchte der Name des
Miloš Obrenović auf. In den Kämpfen, die sich Jahre
lang mit wechselndem Glücke hinzogen, schien auch
für die westliche Rajah die Stunde der Befreiung zu
schlagen. Im Sommer 1807, nach der Eroberung Bel=
grads, sandte Karadjordje bewaffnete Schaaren über
die Drina; aber die Künste Marmont's, des französischen
Befehlshabers von Dalmatien, wußten den Aufstand der
Bosnier und Hercegovcen zu hintertreiben. Da knüpfte
der serbische Held mit dem Vladika von Montenegro
an: mit vereinter Kraft sollten sie ihre dazwischen liegen=
den Stammesbrüder befreien. Längs dem Ibar rückte
der schwarze Georg in die Hercegovina ein, nahm Novi=
pazar, belagerte Prjepolje, drang bis zu den Landschaften
Drobnjak und Vasojević vor. Mit Begeisterung begrüßte
die Rajah die verbündeten Schaaren, erhob sich in

bewaffneten Haufen wider ihre Unterdrücker. Aber da kam böse Zeitung aus dem Osten, Karabjorbje mußte zum Schutz seiner Heimat Kehrt machen und seine kaum gewonnenen Bundesgenossen ihrem Schicksale überlassen, 1809. Vier Jahre später war sein eigenes Unternehmen gescheitert; am 3. October 1813 setzte er als Flüchtling über die Donau auf österreichisches Gebiet, und sein Volk fiel der entfesselten Wuth und Rachgier der Türken anheim.

Zur selben Zeit befand sich Peter Petrović am Ziele seiner Wünsche. So schien es wenigstens. Eine britische Flotte unter Capitain Hoste traf vor Cattaro ein, die Crnagorcen umlagerten von der Landseite die Stadt, die mit dem Vladika eine Uebereinkunft schloß, laut welcher er an die Spitze eines Regierungsausschusses trat; die Franzosen zogen ab, die Crnagorcen breiteten sich im Gebiete der Bocche aus. Doch die alliirten Mächte sprachen den Besitz von Cattaro dem österreichischen Kaiser zu; der Car, des Vladika mächtiger Beschützer, gebot ihm Füg= samkeit, und die Händel, in welche die Gäste aus den schwarzen Bergen mit den einheimischen Bocchesen gerathen waren, erleichterten dem kaiserlichen General Milutinović die militärische Eroberung des Gebietes, Juni 1814.

Den Hafen von Cattaro hatte Montenegro nicht gewonnen, aber seine Unabhängigkeit war ihm geblieben und wurde von ihm gegen alle Angriffe der Türken,

die sich von Zeit zu Zeit in kleinerem oder größerem
Maßstabe wiederholten, standhaft behauptet. Auch Ser=
bien machte sich frei, als 1815 Miloš Obrenović vor
dem kleinen Kirchlein von Takovo den muselmännischen
Bebrückern von neuem Krieg und Rache schwur und der
Archimandrit von Vraćevśnica mit Kreuz und Schwert
den bewaffneten Schaaren voranzog. Von neuem schritt
der Kriegsgott durch das Land, das er fünfzehn Jahre
lang allen Nöthen und Drangsalen preisgab, bis am
30. November 1830 auf dem Hauptplatze von Belgrad die
feierliche Verlesung des Hati Šerif stattfand, laut dessen,
mit Ausnahme der Besatzungen in gewissen festen
Plätzen, binnen Jahresfrist alle Osmanlis den serbischen
Boden zu räumen hatten; mit einem zweiten Hati Šerif
erkannte die Pforte die erbliche Fürstenwürde im Hause
Obrenović an.

* * *

Und warum ereignete sich in dem dalmatinischen
Hinterlande nicht etwas ähnliches, wie in der Crnagora
zur einen, im serbischen Fürstenthum zur andern Seite?
Die Erklärung ist sehr einfach. Im Gebiete zwischen
der Drina und dem Timok war die überwiegende Mehr=
heit des Volkes seinem Glauben treu geblieben, und so
war dadurch die Scheidewand, die es von den Türken

schied, eine doppelte: die Religions= und die Stammes=
verschiedenheit. Dasselbe war in den schwarzen Bergen
der Fall, wo, wie früher erzählt worden, der Vladika
Daniel alle vertürkten Elemente aus seinen Gränzen
gewiesen, die sich dem Gebote nicht fügen wollen, aus=
gerottet hatte, und wohin sich seither kein Mus=
lim ungestraft wagen durfte. Dort wie hier standen
darum, sobald der Weckruf gegen die Türken erscholl,
alle Schichten der Bevölkerung wie ein Mann auf, weil
ein und dasselbe Interesse ungetheilt sie alle umfaßte.
Ganz anders war das in Bosnien und der Hercego=
vina, wo alles, was von den einheimischen Dynasten=
Geschlechtern den Sturm der Eroberung überdauert
hatte, zum Islam übertreten, und ein nicht geringer
Theil ihrer Hörigen und Unterthänigen diesem Beispiele
gefolgt war. Die Mehrzahl von ihnen ist bis auf
den heutigen Tag der türkischen Sprache nicht mächtig, alle
sind Slaven in Mundart und Sitte, soweit letztere nicht
durch den fremden Ritus beeinflußt wird; allein sie ge=
hören der Staats=Religion an und genießen damit alle
Vorrechte des herrschenden Stammes, wie ja dies der
alleinige Beweggrund des Religionswechsels ihrer Ahnen
gewesen war. In diesem Landstriche hat daher seit dem
Beginn der Türkenherrschaft die Rajah, d. i. jenes
Element der ursprünglichen Bewohner das nicht blos

Sprache und Sitte, sondern auch den Glauben ihrer Väter bewahrt hat, nur einen Bruchtheil der Bevölkerung gebildet, dessen Stärke durch die wiederholten massen= haften Auswanderungen nach Oesterreich noch ver= mindert wurde.

Die Rajah in Bosnien und der Hercegovina konnte daher an Befreiung aus eigener Kraft gleich ihren Nachbarn im Fürstenthum kaum denken; denn wäh= rend letztere es nur mit e i n e m Feinde zu thun hatte, mit den fremden Muslims, standen der Rajah im Gebiete der Bosna und Narenta z w e i Wider= sacher gegenüber: die Türken und ihre vertürkten eigenen Stammesgenossen. Ja, letztere waren nicht blos die zahlreicheren, sondern auch die mächtigeren, gegen welche die National=Türken im Lande fast verschwanden. Die Kapetans und Spahis, die Begs und Agas, also der große und kleine grundbesitzende und waffentragende Adel, gehörten ohne Ausnahme einheimischen Geschlech= tern an, gegen deren Aufwand und Pracht die türkischen Veziere mit ihrer Handvoll albanesischer Miethlinge mitunter eine sehr bescheidene Rolle spielten. Dabei waren jene, nach dem Charakter des Apostatenthums der sich überall gleichbleibt, gegen die Rajah, die Glaubens= genossen ihrer eigenen Ahnen, die zäheren, die ver= bisseneren; die unmenschlicheren. Ihnen war daher die

Erhebung im benachbarten Serbien eine Gefahr für das eigene Haus, weil selbe auf ihre dienstbare „Heerde" ansteckend wirken konnte. Mit einem wilden Fanatis= mus stemmten sie sich gegen alles, was ihre hergebrach= ten Dynasten=Rechte zu verkümmern drohte und, was damit gleichlaufend war, das Loos der botmäßigen Rajah zu erleichtern verhieß.

Um dieselbe Zeit, da jenseits der Drina Karagjorgje den Kampf gegen die Türken begonnen, erhob sich diesseits derselben der Beg Ali Vidaić von Zvornik gleichfalls gegen die Pforte; aber nicht wie jener zur Befreiung der Rajah, sondern zur größern Bedrückung derselben. Eine aus fünf Mitgliedern zusammengesetzte Regierung beherrschte weithin das Land in barbarischer Weise. Vidaić zog mit seinen Henkergenossen in den Dörfern umher, ließ die christlichen Männer aufgreifen und in Ketten schlagen, und verlangte sie sollten sich ihm als Sclaven verkaufen; weigerten sie sich dessen, so wurden die grausamsten Martern angewandt, sie dazu zu zwingen. Die jungen Mädchen des Ortes, die sich mit ihren schönsten Kleidern schmücken mußten, wurden zusammengetrieben und gezwungen vor den Schergen ihrer Väter und Brüder den Kolo zu tanzen; dann wurden sie ausgezogen, geschändet und nackt nach Hause geschickt. Der Anhang dieses Wütherichs vermehrte sich fort=

während durch serbische Janičaren aus Stambul, die,
über die beabsichtigten Neuerungen des Diwans empört,
in ihren heimatlichen Bergen den Kampf dagegen aufzunehmen gedachten. Denn auch hier, wie im benachbarten Serbien und in der Crnagora, ertönte der Ruf
nach „Freiheit", auch hier gab es nationale Helden,
auf welche die Ihrigen mit Stolz und Begeisterung
blickten. Aber was der bosnische Muslim, seine alten
Burgherren und die Janičaren, die Prätorianer des
osmanischen Reiches, voran, Freiheit nannten, das war
der Fortbestand der alten Dynasten-Rechte, oder vielmehr Dynasten-Willkür, ihrer schrankenlosen Macht
die unterthänige Rajah zu pressen und zu schinden,
kostbare Privilegien, die sie durch die modernen Reform-
Ideen, denen man am Sitze des Groß-Sultans zu huldigen
begann, bedroht sahen. Für die unglückliche Rajah be-
deutete also diese „Freiheit" nichts als fortdauernde
Knechtschaft und Rechtlosigkeit, und wenn ihr von Zeit
zu Zeit Hajduken erstanden, die in den Bergen Schaaren
tollkühner Momcen um sich sammelten, gegen die unerbittlichen Begs sich in Hinterhalt legten oder wohl
gar, bei größerer Macht, deren Felsenschlösser erklommen
und niederbrannten, wie es der Hajduk Curdža mit
der Zvornifer Burg des Vidaić that, so war das
für das große Ganze von keinem Ausschlag. Für sie

kam nur eine Erleichterung, wenn etwa, um die der
Pforte selbst gefährliche Macht der Begs und Spahis
zu brechen, ein thatkräftiger Vezier erschien, wie etwa
Djelaleddin Paša, der 1821 in einer einzigen Nacht
dreißig bosnische Dynasten um den Kopf kürzer machte,
alles, was sich ihrem Unternehmen angeschlossen hatte,
in Acht und Bann that, die Familienhäupter zu Hun=
derten enthaupten ließ. Die Rajah blieb verschont; nur
Kriegssteuer forderte man ihr ab, die sie unter solchen
Umständen gern zahlte.

Aber auch dies war nicht von Dauer, weil die
Pforte nicht die Macht besaß, die Reformen, die auf
Andringen der europäischen Großmächte Platz greifen
sollten, mit nachhaltigem Ernst durchzuführen. Es kam
immer auf die Persönlichkeit des Befehlshabers an, den
sie in die entfernten Provinzen sandte. Es traten Be=
ziere auf, unter deren unmenschlichem Walten die musel=
männische Bevölkerung nicht weniger litt als die Rajah;
es kamen andere, die es mit dem vom goldenen Horn
ihnen geworbenen Befehle Ernst nahmen, so daß die
unterthänige Rajah etwas erleichtert aufathmete. Aber
dann bäumte sich der ungezähmte Trotz der eingebornen
Burgherren auf, und das alte Spiel begann von neuem.
Im Jahre 1826 machte Sultan Mahmud der Jani=
tscharen-Wirthschaft in Stambul ein blutiges Ende; Fir=

mans ergingen in alle Theile des Reiches, sein neues
System zu verkünden. Als der Befehl in Sarajevo
verlesen wurde, erhob sich alles, was zum Islam
schwur, der geschreckte Vezier Abzi Mustapha verließ
flüchtend seinen Posten. „Wir haben uns das Land
mit dem Schwerte erkämpft und vertheidigt", hieß es
in der Krajina, „wir werden uns einem papiernen
Fetzen nicht unterwerfen." Es kam Abduraman Paša.
„Er kam", wie Gustav Thömmel sagt, „mit leerer
Hand und siechen Körpers, doch mit der Macht eines
kühnen entschlossenen Charakters." Er hielt blutiges
Gericht über die Empörer und eine Weile flog der
Schrecken seines Namens durch das Land. Doch zwei
Jahre später sah auch er sich zur Flucht gezwungen
um den bosnischen Dynasten das Feld zu räumen.
An der Spitze derselben stand jetzt der Kapetan von
Grabačac Hussein, ein Bundesbruder (pobratim) des
jüngern Bibaić. Diese beiden überfielen 1831 den
reformfreundlichen Vezier Ali Paša Moralja in dessen
Schlosse zu Travnik, zwangen ihn seine neumodische
Nizam=Uniform abzulegen, sich zu waschen wie ein ver=
unreinigter Mensch, öffentliche Sühngebete zu sprechen,
und führten ihn in alter Türkentracht mit sich fort, bis
es während des Ramazan dem Gefangenen gelang, nach
Stolac zu entkommen und dann auf österreichisches Ge=

biet zu flüchten, von wo er sich nach Stambul ein=
schiffte.

Jetzt war Huffein Herr im Lande, aus welchem
alle National=Türken verjagt werden sollten; die alte
Beg= und Spahi=Verfassung sollte wieder in Kraft
treten, dem „Djaur=Sultan" wurde der Fehdehandschuh
hingeworfen. Mit dreißigtausend Mann zog Huffein
auf das schlachtenberühmte Amselfeld, wo er sich mit
einem kaum minder starken albanesischen Heere des alten
Mustai Paša von Skutari vereinigte. Prisrend Peć
Sophia Nissa wurden erstürmt, das bulgarische Land
weit und breit durchzogen und ausgeplündert. Mit
einem Heere Nizams (reguläre Truppen) zog der Groß=
Vezier Rešid Paša gegen sie in's Feld; doch waren es
die Waffen der List, der Einflüsterung und Bestechung,
die er zuerst gebrauchte. Die Verbündeten zerfielen.
Die Albanesen trennten sich, über die jetzt Rešid Paša
herfiel und Rache und Züchtigung ergehen ließ. Huffein,
welchem Rešid das Regiment von Bosnien verheißen,
ging in sein Land zurück, wo er wie ein Sultan re=
gierte. Der „junak", Kämpfer, aber auch „zmaj
bosanski", Drache von Bosnien, hieß er, vor
dem alles zitterte, was nicht zu seinen Günstlingen und
Freunden zählte. Doch während er auf den Belehnungs=
Berat wartete, der ihm aus Stambul kommen sollte,

sammelte Kara Mahmud Paša in Rumelien ein neues
Heer; der mächtige Kapetan Ali Rizvan Begović von
Stolac und Ismail Aga Čengić von Gacko schlossen
sich ihm an; in Bosnien selbst erhob sich eine Partei
gegen Hussein, bis dieser, mi Uebermacht von allen
Seiten angegriffen und bedrängt, von Verrath im Lager
der Seinigen umsponnen, den Weg nach Oesterreich
suchen mußte.

In Essegg hielt er Hof mit allem Pompe eines
Veziers, umgeben von hundert prachtvoll bewaffneten
Leibgarden, deren arabische Pferde von goldenem Riem=
zeug strotzten. Doch ließ es ihn nicht lang auf fremder
Erde, er flehte die Gnade des Sultans um Rückkehr in
sein heiß geliebtes Vaterland an. Gegen Ende 1832
kam der großherrliche Firman nach Semlin, wohin
Hussein beschieden wurde. In Gegenwart des öster=
reichischen Officier=Corps, umgeben von seinem glän=
zenden Gefolge, gestützt auf seinen Pobratim Vidaić
hörte Hussein die Ablesung des Firmans an, der ihm
seine Güter, seine Titel und Würden nahm, und ihm
allein die persönliche Freiheit ließ, die er nur außer=
halb seiner Heimat sollte genießen dürfen. Den Augen
des stolzen Kapetan entquollen Thränen, laut rief er
nach seinem theuren Bosnien und beklagte es, daß es
ihm nicht vergönnt gewesen, auf heimatlichem Boden

im Kampfe zu fallen; dann beugte er demüthig sein Haupt, und schiffte entsagend nach Belgrad hinüber und begab sich von da nach Stambul. Zu seinem Exil wurde ihm Trapezunt angewiesen.

Das war so ein nationaler Held der mosle= mitischen Bosnier, dieser Hussein, jung und schön, fabelhaft reich, prachtliebend, dabei hochherzig und groß= müthig, der für „Freiheit und Voreltern" in den Kampf gezogen, und dessen Namen der blinde Volkssänger zu den melancholischen Klängen der Gusle im Liede pries. Aber dieses Heldenthum, es war eins mit dem ver= achtendsten Hohn, mit der unbarmherzigsten Grausam= keit gegen alles, was nicht zu seinem angenommenen Glauben schwur, mochte es auch der Sprache und dem Stamme nach ihm noch so nahestehen. „Mit dem Blachen" — so heißt dem vertürkten Bosnier der Christ vom orientalischen Ritus — „kannst Du machen was Du willst, nur waschen mußt Du Dich darnach!" Oder: „Es ist Sünde einen Adler oder einen Hund umzubringen, aber einen Christen zu tödten ist Ver= dienst!"

*   *   *

Der Aufstand des „Drachen von Bosnien" hatte die Pforte gelehrt, welch' furchtbaren Gegner die Neuer=

ungen, die sie einzuführen im Sinne hatte, an den altslavischen Herrengeschlechtern des Landes hatte, und man fand es am goldenen Horn gerathen, eine Pause der Nachsicht eintreten zu lassen, wodurch man es aber nach der andern Seite hin verdarb.

In der That gewährte Daud Paša, der neue Vezier von Travnik, den muselmännischen Dynasten des Landes wieder größere Freiheit, d. h. sah allen mög= lichen Plackereien, die sie sich gegen die Rajah heraus= nahmen, durch die Finger, bis zuletzt diese, auf's äußerste getrieben, vom Sultan nicht erhört, vom ser= bischen Miloš, den sie um Hilfe riefen, verrathen, in Masse zu den Waffen griff. Ein Pope Jovica eröffnete Ende 1834 die Feindseligkeiten; Knez Pavle nahm, nachdem Jovica vertrieben und auf serbischem Boden in Haft gesetzt war, im Frühjahr 1835 den Kampf von neuem auf. Zum erstenmal standen die katholischen Bosnier ihren altgläubigen Stammesbrüdern, die ihnen bisher stets mit Haß und Mistrauen begegnet hatten, tapfer und treu zur Seite. Doch was vermochten sie mit ihren Ackergeräthen gegen die verfeinerten Waffen ihrer Gegner? was ihre ungeübte Kriegsweise gegen die Künste der mächtigen Spahis, deren ganzes Leben in Jagd und Waffenspiel aufging? Sie wurden be= siegt und Miloš, dem es nur um die Erhaltung seiner

eigenen Macht zu thun war, lieferte den Jovica, als
den Haupturheber der Unruhen, dem Paſa von Vibbin
aus. Großmüthiger als der verſchlagene Serbenfürſt
war Sultan Mahmud, der durch ausdrücklichen Befehl
dem Gefangenen ſeine Freiheit zurückgab.

Auf den unentſchiedenen Daud Paſa folgte wieder
ein Reformator, der fürchterliche Vehbзib Paſa, ein
Türke aus Anatolien, der mit eiſerner Hand ſeines
Amtes waltete, dabei kräftigſt von Stambul unter=
ſtützt, wo man jetzt mit den neuen Einführungen ſchien
Ernſt machen zu wollen. Im Jahre 1837 erfolgte
die Aufhebung aller Lehen und erblichen Würden, von
den Spahiluks bis zu den großen Kapetanſchaften; ihre
Poſten wurden von abſetzbaren Beamten verſehen, bei
deren Auswahl Befähigung allein entſcheiden ſollte.
Beim plötzlichen Tode des reformfreundlichen Sultans
jubelten die gedemüthigten Kämpfer für „Freiheit und
Voreltern" laut auf; allein der Hati Serif von Gül=
hane, den Mahmud's Nachfolger im November 1839
hinausgab, warf ſie in die frühere Verzweiflung zurück.
Doch rafften ſie ſich noch einmal auf. Bei zwanzig=
tauſend Mann ſtark zogen ſie im Auguſt 1840 gegen
Travnik, den Hochſitz des Veziers. Muthig ſtellte ſich
ihnen dieſer mit kaum viertauſend Nizams bei dem
Dorfe Vitez entgegen und warf ſie, nach einſtündigem

erbitterten Kampfe, auf Sarajevo zurück. Auch hier
konnten sie sich nicht halten, durch Waffen und durch
Hunger bezwungen mußten sie die Stadt dem Sieger
auf Gnade und Ungnade ergeben. Von ersterer war
keine Rede. Der Oberanführer der Aufständischen wurde
vor Vehdzib gebracht, der ihm mit eigener Hand
den Kopf abhieb; acht bis zehn der ersten Vojvoden ließ
er vor den Thoren der Stadt hinrichten. Entsetzt
bargen sich die dem Blutbade entronnenen Begs in die
Wälder, oder flüchteten zu den Hercegoviner Uskoken;
die reichsten gingen nach Dalmatien und warteten dort
den Umschwung der Dinge ab. So groß war ihr
Schrecken, ihr Abscheu vor dem blutgierigen Vezier,
daß eine demüthig bittende Deputation vor dem Sul=
tan die Erklärung abgab, sie wollten, wenn es sein
müßte, lieber Christen werden als länger eine so
unerhörte Tyrannei ertragen. Auch erfolgte noch
im selben Jahre die Absetzung Vehdzib Pašas, aus
Ursachen die bis heute unaufgeklärt sind; denn
gegen die widerspänstigen Spahis und Begs hatte er
ja nur seine Pflicht gethan, wenn auch mit blutiger
Strenge.

Merkwürdig aber bleibt es, daß die bosnischen
Muslims bei dieser Gelegenheit zum erstenmal von
ihrem möglichen Abfall vom Islam, von der Wieder=

vereinigung mit ihren chriſtlich gebliebenen Stammes=
genoſſen ſprachen! Iſt es doch bekannt, daß viele von
den alten Dynaſten in ihren Familienſchränken noch
heute die Adelsbriefe und Privilegien der alten bos=
niſchen Könige, Gewänder und Koſtbarkeiten ihrer chriſt=
lichen Vorfahren aufbewahrt haben; ja es gilt als wahr=
ſcheinlich, daß manche von ihnen im Herzen an dem
Glauben ihrer Väter hängen von dem ſie ſich nur, um
ſich ihrer alten Liegenſchaften und Herrenrechte zu
verſichern, getrennt hatten.

Wie es ſcheint, bangte man in alttürkiſchen Kreiſen
vor dieſen chriſtlichen Rückerinnerungen, und auf die
Zeit einer mindeſtens mittelbaren Beſchützung der bos=
niſchen Rajah folgte eine neue Unterbrückung und
Verfolgung. Die muſelmänniſchen Ultras gewannen die
Oberhand im hohen Rathe der Pforte; die verwieſenen oder
geflüchteten Häuptlinge aus Huſſein's Zeiten kehrten
zurück, die Begs Mehmed von Krupa, Murad von
Oſtrojac, Muſtai von Petrovac — der jüngere Bibaić
war im Exil geſtorben — nahmen von ihren Felſen=
ſchlöſſern Beſitz in denen ſie vordem als erbliche Lehens=
herren gehauſt hatten, und bald beſtand die ganze Frucht,
welche die Rajah von dem pomphaft verkündeten Tanzi=
mat von Gülhane hatte, in den neuen Abgaben und
Steuern die das doppelte, ja dreifache der frühern be=

trugen. Das trieb sie 1843 zu einem neuen Aufstande. Bei achttausend Köpfe stark, aber nur mit Hacken und Keulen bewaffnet, zogen sie gegen Travnik heran, wurden aber durch die Nizam des Veziers leicht geschlagen und zerstreut.

V

Omer Paša.

6*

ährend des Aufstandes der bosnischen Dynasten unter Anführung des „Drachen" war es in der Hercegovina ruhig geblieben, was zumeist dem Einflusse des mächtigen Ali Rizvan Begović von Stolac zuzuschreiben war; dieser und der Aga Ismail Čengić von Gacko hatten sogar, wie früher erzählt worden, dem türkischen Heere Ver=stärkungen zugeführt und den bosnischen Aufstand unter=drücken geholfen. Die Regierung sah das als eine Lehre für die Zukunft an, trennte die Hercegovina von dem Sandžak Travnik und gab ihr einen eigenen Vezier zu Mostar in der Person Ali Rizvan's, 1832.

Die Rajah kam dabei schlecht weg, denn sowohl Riz=
van als Čengić waren Christenschinder ärgster Sorte.
Das führte gegen Ende der dreißiger Jahre zu einem
Aufstande der Bezirke Drobnjak und Grahovo, die
Čengić Aga in der unmenschlichsten Weise mit der
Kopfsteuer (harač) drückte.

Auch Čengić Aga bildet, wie Kapetan Huffein,
den Gegenstand von Volksgesängen, aber nicht von
solchen aus dem Kreise seiner Anhänger und Bewun=
derer, sondern aus dem seiner Flucher und Verwünscher.
Da jagt er mit seinen Schergen über das Feld von
Gacko den Harač einzutreiben. Es war ein schlechtes
Jahr, die Rajah leidet Noth und kann nicht zahlen,
doch der Aga kennt kein Mitleid noch Erbarmen. Er
läßt sie quälen und foltern; nur tödten darf man
sie ihm nicht, „denn mit der Rajah geht auch drauf
der Harač!" Er läßt Weiber und Mädchen schänden
vor den Augen ihrer Männer und Väter. Da rufen
die Verzweifelten die Hilfe der Crnagorcen und der
Moračer Uskoken an, der Aga wird in seinem Lager
überfallen, niedergemacht, 29. August 1840; sein Kopf,
seine Waffen, seine Kriegskleidung werden im Triumph
nach Cetinje gebracht. Jetzt begann Ali Rizvan ärger
als früher gegen die Rajah zu wüthen. Mitten im
Winter 1841 wurden auf seinen Befehl fünfhundert=

siebzig chriſtliche Familien aus Moſtar verjagt, unter
dem Vorgeben, die von ihnen bewohnten Häuſer hätten
früher Muslims gehört. Im Frühjahr darauf rückte
er mit ſtärkerer Macht gegen die vereinten Montenegriner
und aufſtändiſchen Hercegovcen, die er in einem blutigen
Treffen beſiegte. Die Kämpfe zogen ſich bis in das
Jahr 1842 fort, wo Ali Paſa mit dem Vladika Peter
Petrović Njeguš II. (ſeit 1830) eine Zuſammenkunft
in Raguſa hatte und ein Waffenſtillſtand abgeſchloſſen
wurde.

Allerhand Gränzſtreitigkeiten, kleinere Raubzüge
und Ueberfälle gab es zwar auch dann noch, denn die
hörten zwiſchen Türken und Crnagorcen nie auf. Im
großen aber blieb Friede, und dieſe Zeit war es wo
der Brite J. Gardner Wilkinſon im Intereſſe der
Humanität einen Anlauf nahm, um bei den krieg=
führenden Theilen den ſcheuslichen Brauch des Kopfab=
ſchneidens abzubringen. Nachdem er zuerſt mit Peter
Petrović II. verhandelt, der ſich dazu herbeifand wenn nur
von der andern Seite das gleiche geſchähe, unternahm er
eine Reiſe nach Moſtar und wurde von Ali Rizvan, damals
Vater von drei blühenden Söhnen, höflich und würdevoll
empfangen; darauf verſteht ſich, Europäern gegenüber, der
vornehme Türke neuern Datums ganz ausgezeichnet. Ali
Paſa hörte den Engländer aufmerkſam an, ſtimmte ihm bei

daß es ein ganz abscheulicher Gebrauch sei, dieses Kopfab=
schneiden, meinte er wäre gern bereit davon abzulassen, wenn
nur die „Blachen", die es eingeführt, es aufgeben wollten;
aber wenn sie es auch versprächen, halten würden sie es
doch nicht, denn keinem Worte sei zu trauen das der
Grieche gibt u. dgl. m. Wilkinson erbot sich den Bla=
dika mild zu stimmen und schrieb Peter einen Brief in
französischer Sprache, den dieser in fließendem Italienisch
beantwortete, indem er alles, was sich der Brite, dessen
Absicht „nobile ed umano" er volle Gerechtigkeit
zollte, von dem alten Schlaukopf habe vorschwatzen
lassen, für eitles Geflunker erklärte: „Das ist ein
fressender Wolf der sich vor Ihnen im Felle des Schafes
gezeigt hat. Seien Sie dessen gewiß, edler Ritter, daß
die Osmanli heute sind was sie in Osman's und
Bajazed's Tagen waren; nur daß sie heute vor der euro=
päischen Diplomatie die erlogene Maske vorhalten, als
sei es ihnen um Ordnung und Civilisation zu thun.
Millionen von Christen schreien ohne Unterlaß über die
unmenschlichsten Bedrückungen, doch niemand hört sie.
Ist das etwas, das der Bildung und Menschenliebe
des neunzehnten Jahrhunderts zur Ehre gereicht? Herr
Ritter, es ist ein nutzloses Ding gegen den Strom zu
schwimmen oder die Segel gegen den Wind zu breiten.
Der alte Werkmeister die Zeit, der allein wird auch

diese Dinge zurechtsetzen — il tempo è il vecchio operatore, desso rifarrà anche questa cosa."

Wilkinson gab sich damit nicht zufrieden. Er meinte durch Stratford Canning unmittelbar bei der hohen Pforte zu seinem Ziele zu gelangen. Doch hier war eben so wenig etwas auszurichten. Die hohen Würdenträger in Stambul faßten die Sache so auf, als ob es um eine Gunst zu thun sei, die sie den Crnagorcen, diesem störrischen Bergvolke, „von Rechts= wegen ihren Unterthanen", erweisen sollen, und waren nicht zur Einsicht zu bringen daß es sich ja um Gegen= seitigkeit handle, die ihren Muslims nicht minder zu statten kommen sollte als deren Widersachern in den schwarzen Bergen. So war denn Peter Njeguš mit seiner Behauptung, alles was Ali Rizvan dem Briten gesagt, sei nichts als Spiegelfechterei gewesen, im vollen Rechte. Das Abschneiden der Köpfe erschlagener Feinde, das Aufstecken derselben auf Pfähle, das Para= diren damit vor den Stabtthoren und Festungswällen, ist so alt wie die Türkenwirthschaft in Europa, und nicht sie haben es von andern, sondern andere haben es von ihnen gelernt. Es ist ihnen wilde Lust, durchaus nicht nothgebrungene Vergeltung. Oder wären es in den jetzigen Kämpfen etwa auch unsere braven Infan= teristen und Kanoniere gewesen, die den Anfang damit gemacht und dadurch die türkischen „Civilisatoren" zur Nachahmung gereizt hätten?!

* * *

In der Bosna folgten in der nächsten Zeit auf= einander zwei Veziere, welche den ernsten Willen zu haben schienen die von der Pforte lang und wiederholt verheißenen Reformen zur Wahrheit zu machen. Kjamil Paša setzte 1844 zwei der ärgsten Bedrücker der Rajah, Mahmud Paša von Bihać und Derviš Beg von Stari Majdan, ab und schickte sie nach Janina in die Ver= bannung. Aber auch den Kaiserlichen machten die un= bändigen Krajiner zu schaffen, unternahmen räuberische Einfälle auf österreichisches Gebiet, bis der k. k. Obrist Joseph Jelačić vom I. Banal=Gr.=Inf.=Reg. mit acht Compagnien gegen sie auszog und ihnen bei Podzvizb am 9. Juli 1845 ein glückliches Gefecht lieferte; wohl erlitt er auf dem Heimzuge nicht unbedeutende Verluste, aber das Vorgehen hatte dennoch gewirkt. Das Jahr darauf wurde Tahir Paša Vezier in Travnik, der daran schritt die unterthänigen Leistungen zu regeln und auf ein billiges Maß zurückzuführen. Der Kmet sollte in der Woche nur zwei Tage arbeiten, das weibliche Geschlecht gar nicht; die Rajah sollte an Sonntagen zu keiner Arbeit verhalten werden; der Kmet sollte von Ge=

treibe Obst und Grünzeug nur das Drittel an seinen
Grundherrn abgeben (früher war es die Hälfte), der
dafür den dritten Theil der Steuern für sie zu zahlen
hätte; reguläre Truppen, die Nizam, sollten an die Stelle
der Bazibozuks und Spahis treten, die Auswahl zum
Kriegsdienst die Bevölkerung ohne Unterschied des Be=
kenntnisses treffen. Als sie von diesen gebieterischen
Neuerungen hörten, wollten die Muslims von Bosna
Sarai über die Christen herfallen und sie insgesammt
niedermetzeln; es beburfte der ganzen Entschlossenheit
und Thatkraft des Beziers das Unheil abzuwenden: er
ließ sechsundzwanzig Häupter aufgreifen und nach Kandia
abführen.

Es kam das Jahr 1848 mit den Ereignissen, die
den ganzen Welttheil erschütterten. Die bosnische Rajah
hoffte Erlösung von ihren Leiden, sie hielt geheime Zu=
sammenkünfte, sandte Abgeordnete nach Stambul. So
bedrohlich schien den Muslims die Gährung, daß sie
Tahir Paša baten er möchte der gesammten christlichen
Bevölkerung die Waffen abnehmen; an alle Gläubigen
vom vierzehnten bis zum sechzigsten Jahre erging ein
Aufruf sich zu rüsten, mit Schießbedarf zu versehen, für
den Kampf in Bereitschaft zu sein. In der Hercego=
vina, wo Ali Rizvan, der nun mit den Crnagorcen im
Frieden stand, in der frühern Weise hauste, trat die

Rajah der Gebiete von Nikšić Kulišanac Šarenac und Trebinje auf der Hochebene Golja zusammen, wo sie am 26. October eine Bitt= und Beschwerdeschrift an den Vezier abfaßten. Mit der allen Volksstämmen der Balkan=Halbinsel eigenthümlichen Umsicht und Schlau=heit waren sie so diplomatisch, den Vezier selbst bei ihren Klagen zu schonen, ja ihn als gutmüthigen und wohlwollenden Mann hinzustellen; sein Fehler sei nur daß er seiner unersättlichen Pašinica („Frau Paschin") und seinen übermüthigen Söhnen alles hingehen lasse; dann daß er dem Bischof Joseph — der wegen seiner Be=drückungen schon früher einmal seiner Stelle enthoben, aber dann wieder nach Mostar zurückgeschickt worden war — nicht besser auf die Finger schaue; denn „statt guter Hirt und Beschützer seiner Heerde zu sein treibe er sie selbst dem Wolf in den Schlund und stille mit schuldlosem christlichen Blute den Durst seiner nach höllischer Rache lechzenden Seele." So unerträglich waren die Uebergriffe, die Gräuelthaten, die Erpressungen dieses Mannes und anderer seiner Amtsbrüder hellenischer Abkunft, daß die orthodoxe Rajah an den Sultan das Verlangen richtete, ihr keine Bischöfe und Popen mehr aus dem Phanar zu senden, sondern den Bittstellern zu gestatten, daß der österreichische Kaiser den Patriarchen von Karlovic ermächtige die geistlichen Stellen mit

Klerikern aus dem Banate, aus Syrmien und der Bačka zu besetzen.

Welches Schicksal die Petition der klagenden Herce-govcen gehabt, ist mir nicht bekannt, praktischen Erfolg hatte sie keinen; während Tahir Paša durch sein Fest-halten an den Reformen einen stets wachsenden Wider-stand der bosnischen Dynasten hervorrief. Am stärk-sten war derselbe in Türkisch = Kroatien, wohin der Vezier 1849 mit bewaffneter Macht zog. Er be-siegte sie in offener Schlacht, allein die in seinem Lager ausbrechenden Krankheiten hemmten seinen Fortschritt; zuletzt erlag er selbst der Ansteckung, Frühjahr 1850. Sein Nachfolger im Vezierat war Hafiz Paša, ein Alttürke und schwacher Mann.

In Stambul sah man jetzt ein, daß es ansehn-licherer Streitkräfte bedürfe um den Widerstand der reform-feindlichen Elemente in der Bosna und Hercego-vina zu brechen. Omer Paša wurde mit dem mili-tärischen Oberbefehl in diesen Provinzen betraut und ihm ein Corps von fünfzehntausend Mann mit dreißig Geschützen zur Verfügung gestellt. Unter ihm diente Iskander Beg, ein polnischer Revolutionär und Abenteurer, der in seinem Vaterlande, in Por-tugal und Spanien, in Algier, selbst in Persien und in China sich herumgetrieben, dann unter seinem

Landsmann Bem in Siebenbürgen gefochten hatte, nach
dem unglücklichen Ausgange des Feldzuges von 1849
auf türkisches Gebiet übertreten war und dort den
Islam angenommen hatte. Es war die höchste Zeit
daß die Pforte an kräftigere Maßregeln dachte. Denn die
alttürkische Bewegung, von dem lauen Hafiz Paša nicht
eingeschüchtert, von dem alten Rajah=Peiniger Ali Riz=
van heimlich unterstützt, hatte bereits Macht über die
ganze Ausdehnung der beiden Provinzen gewonnen.
Zwar gelang es dem von einer achtunggebietenden Streit=
macht unterstützten Auftreten Omer Pašas, den bos=
nischen Häuptern, die er nach Sarajevo lud, das Ver=
sprechen des Gehorsams abzunehmen, und den gleichen
Erfolg erzielte er in der Krajina die er in Person be=
reiste. Doch das war nur Hinhalten und Schein.
Während er daran ging die Recrutirung in allen Be=
zirken durchzuführen, entfernte sich Hafiz Paša heimlich
nach Konstantinopel, um dort Omer's Charakter als
den eines im Herzen „vlachischen“ Ueberläufers darzu=
stellen, und die dem Islam und dessen treuen Bekennern
durch Omer's Maßregeln drohenden Gefahren in den
schwärzesten Farben zu schildern. Zu dem gleichen
Zwecke sandten die Krajiner ihren Vertrauensmann
Regjić an den Thron des Groß=Sultans, während im
Lande mit allem Eifer conspirirt und gerüstet wurde.

Eben wollte sich Omer Paša von Travnik nach Mostar
begeben, wo die Haltung Ali Rizvan's immer bedenk=
licher wurde, als ihm die Post zukam, die ganze Posa=
vina sei in Aufruhr, und auch ostwärts von Sarajevo,
im Gebiete von Klabanj, werde das Banner der Empör=
ung aufgehißt. Es galt jetzt rasch und gleichzeitig nach
allen Seiten zu wirken, um das Uebel zu ersticken ehe
es zu mehreren Kräften herangewachsen war. Während
Islander Beg gegen Süden zog, sich nach einem blu=
tigen Kampfe bei Konjica den Weg nach Mostar bahnte,
und Ibrahim Paša von Sarajevo gegen Klabanj aus=
zog, schlug und zersprengte Omer Paša bei Vrandul
einen Heerhaufen der Aufständischen, wandte sich dann
nordwärts in die Posavina, wo sich nach einem hart=
näckigen dreitägigen Kampfe auf der Höhe des Vučjak,
nächst der österreichischen Gränze, das Glück für ihn
entschied, führte seine Truppen trotz ihrer Ermüdung
über die Bosna dem Ibrahim Paša zu Hilfe, zer=
streute die letzten Ansammlungen der Insurgenten auf
der Stoborje=Planina und hielt, vom dankbaren Jubel
der Rajah begrüßt die in ihm ihren Befreier erkannte,
als Sieger seinen Einzug in Sarajevo.

Mittlerweile war aber Regjić vom goldenen Horn
zurückgekommen. „Von der Save und Una hinab", so
lautete sein aufreizender Bericht, „gibt es keinen wahren

Türken mehr! In Stambul habe ich sie gesucht, aber nicht gefunden. Alle tragen sich dort nach Blachen= Art. Der wahre Glaube, die alte Sitte ist nur noch bei uns zu finden; darum ist es besser wir gehen Alle zu Grunde, als daß wir uns diesem Blachen Omer unter= werfen der unsere eigenen Kinder in vlachische Kleider stecken wird." Anfangs März 1851, nachdem der Auf= stand in den andern Gebieten bereits bezwungen war, standen fünfzehntausend Krajiner nächst Jajce im Felde; Kebić, Kapić, Regjić waren ihre Führer; Flüchtlinge und versprengte Reste des bosnischen Aufstandes strömten ihnen zu. Ali Rizvan in Mostar brütete neuen Ver= rath; doch man kam ihm zuvor, er wurde überfallen und gefangen nach Bosnien abgeführt. Schon stand Omer Paša gegen die Empörer im Felde. Nach einem siegreichen Kampfe bei Jezero nahm er Jajce. Kapić wurde auf dem Rückzuge der Seinigen meuchlings er= schlagen, Ali Rizvan im Lager Omer Pašas bei Do= brinja erschossen, 30. März; die andern Führer suchten ihr Heil in der Flucht oder in Verstecken. Der sieg= reiche Feldherr zog über Banjaluka gegen die Una, nahm Krupa mit stürmender Hand, bezwang Bihać. Mit Ende April 1851 war der Aufstand in allen Theilen der Provinz bezwungen: die vertürkten Serben der Bosna und Hercegovina waren durch einen ver=

türkten Kroaten — Omer Paša, ursprünglich Michal
Latas aus dem Oguliner Gr.-Inf.-Reg. — und einen
vertürkten Polen, Iskander Beg aus dem Geschlechte
der Jliñski, zu paaren getrieben und zum Gehorsam
unter die Befehle des Padišah gebracht.

* * *

Es scheint — und vielfach ging in diesem Sinne
das Gerede — daß die Anschwärzungen Hafiz Pašas bei
den Alttürken im Rathe des Sultans, als meine es
Omer Paša als Renegat und geborner Christenfreund
nicht aufrichtig mit dem Islam, den Seraskier
in einige Unruhe versetzten. Er wollte die Verleum=
dungen seiner Widersacher Lügen strafen, und zeigte
sich allmälig als ein anderer Mann. Er hatte, nach
Bosnien gekommen, den jungen begabten und kenntnis=
reichen Franziskaner Franz Jukić als Geheimschreiber an
seine Seite genommen, der ihm zur Hebung der Rajah
mit guten Rathschlägen an die Hand ging. Aber im Mai
1852 wurde Jukić unversehens verhaftet und nach
Stambul abgeführt, wo man ihn längere Zeit im
Kerker schmachten ließ, bis er, in seiner Gesundheit
tief erschüttert, nach Rom gehen durfte. Für die arme
Rajah kamen jetzt wieder schlimme Tage. Sie hatte
kaum begonnen einem menschlicheren Loose entgegen=

zusehen, als die alten Bedrückungen über sie herein=
brachen, nicht blos von türkischer Seite, sondern auch
von der ihrer phanariotischen sein sollenden Seelen=
hirten. Ein im Sommer 1852 an ihre glücklicheren
Glaubensgenossen jenseits der Save und Donau ge=
richteter Hilferuf der bosnischen Orthodoxen klagte ihren
kirchlichen „Blutsauger", den Vladika Prokopije von
Sarajevo und dessen Protopopen Sophronije, diesen
„alten Verbrecher", der maßlosesten Bedrückungen an.
„Wenn Bitten und Beschwören nichts hilft, was sollen
wir Aermsten anfangen? Sollen wir Muslims wer=
den, unser Gewissen und unsere Seele preisgeben? Ist
es nicht genug, daß Prokopije zum Aergernis der ganzen
Christenheit ein Leben in Schmach und Schande führt,
daß er Priester erschlägt — hat er doch in der Kirche
zu Sarajevo einen am Altare getödtet! —, soll er uns,
wie ein Wolf die Heerde, aus der Kirche unserer Väter
vertreiben? Und woher sollen wir Geld nehmen uns zu
helfen, da wir durch den Vladika und dessen Spießgesellen
Sophronije längst um alles gebracht sind? In drei
und einem halben Jahre haben uns diese beiden Räuber
fünfundvierzigtausend Dukaten abgeschunden. Wir haben
in unserer äußersten Bedrängnis den Patriarchen Kyrillos
angefleht, wir wollen uns an unsern erhabenen und
gütigen Vater den Sultan wenden und ihn kniefällig

bitten, daß er uns von den Beiden befreie, denn sonst geht seine gehorsamste Rajah elendiglich zu Grunde" ꝛc.

Die Ereignisse in der benachbarten Crnagora boten Omer Paša einen neuen Anlaß seinen Eifer für den Halbmond zu bewähren. Am 31. October 1851 war der vielverdiente und gefeierte Vladika Peter Petrović Njeguš II. mit Tod abgegangen; sein Nachfolger Daniel hatte vom russischen Hofe die Trennung der Metro=politen=Würde von der des weltlichen Hauptes erwirkt, welchem letztern hinfort der Fürstentitel gegeben werden sollte. Während Danilo's Abwesenheit, die bis in den Herbst 1852 währte, hatte sein Stellvertreter Djordje Petrović einige Neuerungen, darunter eine Haussteuer ein=zuführen versucht, was vielfachen Mismuth erregte. Ein alter Diener Peter II., Radovan mit Namen, befand sich unter den Unzufriedenen und brachte den Bezirk der Piperi zur Empörung. „Haben wir uns vor dem großen Adler nicht gefürchtet", sagten sie und meinten den verstorbenen Vladika, „so wird uns dieser kleine Hahn auch nicht schrecken; ehe wir die Steuer zahlen, wollen wir insgesammt Türken werden oder wir gehen zu Grunde." Doch der „kleine Hahn" — Danilo hatte nicht die hohe achtunggebietende Gestalt seines Vorgängers — zeigte sich kampfmuthiger als seine Widersacher vermuthet hatten. Während er an der

7*

Spitze von tausend Bewaffneten aus der Katunska
Nahija gegen jene der Piperi zog, wurde von der Rječka
Nahija aus die Veste Žabljak umlagert, um die Türken
zu hindern den Aufständischen Beistand zu leisten. Die
Piperi waren bald bezwungen, gelobten Treue und
Gehorsam, bis auf wenige die sich auf türkisches Gebiet
flüchteten und deren Häuser Danilo niederbrennen ließ.
Auch die Hochveste von Žabljak, die nur eine unbedeutende
Besatzung hatte, war bald in den Händen der Crna=
gorcen; nur drei Thürme unterhalb der Stadt blieben
den Türken, die indeß auf ernstliche Abwehr sannen,
November 1852.

Denn Omer Paša verlangte sich nichts anderes,
als einen Vorwand zu haben mit den Crnagorcen an=
zubinden und nun, nachdem er den Aufstand in den
beiden Nachbar=Provinzen gebrochen, das bisher unbe=
zwungene Bergland unter türkische Botmäßigkeit zu
bringen. Der Paša von Skutari rückte mit achttausend
Mann gegen Žabljak heran, dessen Veste die Crnagorcen,
an Proviant und Munition Mangel leidend, nachdem
sie die Werke theils geschleift theils niedergebrannt
hatten, kämpfend räumten und den Rückzug in die
Rječka Nahia antraten. Zur selben Zeit rückte der
Paša von Mostar gegen Piva und Drobnjak vor und
forderte den Vojvoden von Grahovo zur Unterwerfung

auf. Der Seraskier rief alles zusammen was er an
Streitkräften zur Verfügung hatte; in Sarajevo wurde
der heilige Krieg gegen die Ungläubigen verkündet und
die Fahne des Propheten entfaltet; Verstärkungen waren
von der Seeseite im Anzug, December 1852. In
wenig Wochen standen bei dreißigtausend Mann im
Felde, mit denen Montenegro von drei Seiten ange=
griffen werden sollte: von Skutari und Antivari gegen
die Crnicka und Rječka Nahija, von Podgorica und Spuž
gegen ten Bezirk der Bjelopavlićen, von der südlichen
Hercegovina gegen jenen von Grahovo. Das kleine
Bergland schien dem Untergange geweiht. In einem
am 20. Januar 1853 an die „elenden" Bewohner
von Bjelopavlić gerichteten Aufruf kündigte Omer Paša
seinen bevorstehenden Marsch über die Zeta an. Wehe
denen die sich ihm widersetzen würden! „Selbst die
minder Klugen müssen begreifen, daß gegen den gesetz=
mäßigen Souverain nichts zu gewinnen ist. Die ganze
Nahija an beiden Ufern der Zeta wird zu Grunde gehen,
ihr werdet als Opfer fallen und den Fluch der unglück=
lichen Ueberlebenden auf euer Andenken laden! Schenket
denen kein Gehör die euch Aussicht auf Hilfe zweier
Großmächte eröffnen" — ein Onkel des Fürsten war
an die Monarchen von Oesterreich und Rußland ab=
gesandt worden —; „das ist Lüge, da alle Potentaten

einmüthig dem Großherrn geantwortet haben, er könne
ungehindert nach seinem guten Rechte und eigenem
Gutdünken Montenegro unterwerfen" 2c. . . . . Allein
das Heldenvolk der schwarzen Berge war nicht gesonnen
sich leichten Kaufes unterjochen zu lassen. Drangen
die Türken von drei Richtungen ein, so stellten sich
ihnen die Crnagorcen nach drei Seiten zur Wehre und
machten dem Gegner jeden Fußbreit streitig den er gegen
sie gewinnen wollte. Es stand in Frage, welchen Ausgang der Kampf nehmen würde, als im Februar 1853
der k. k. FML. Graf Christian Leiningen in außerordentlicher Mission in Konstantinopel erschien, und in
peremtorischer Form und Frist die feierliche Zusage
dessen verlangte was er im Namen seines Monarchen
zu fordern hatte.

Die Mission Leiningen's hatte, wie es in einem
halbamtlichen Artikel der „Oesterr. Correspondenz"
hieß, nebst allerhand Einzelbeschwerden, zu denen die
Pforten-Regierung durch ein „System theils der Um-
gehung theils der directen Verletzung der zwischen
Oesterreich und der Türkei bestehenden Staatsverträge"
Anlaß gegeben, vorzüglich zwei Hauptpunkte zum Anlaß:

„die Unmenschlichkeit und Härte womit die
christlichen Bewohner der österreichischen Nachbar-
Provinzen gegen die ausdrücklichen Bestimmungen

der Traktate behandelt werden, eine Grausamkeit
die namentlich in der letzten Zeit eine solche Höhe
erreichte, daß der Hilferuf der Mishandelten schon
aus Gründen der Humanität von einem christlichen
Staate nicht länger überhört werden konnte" — und
bie militärischen Operationen der Türkei an
der dalmatinischen Gränze, „die, wenn vollendet,
mit einer mit der Sicherheit unseres Staats=
gebietes unvereinbaren und eigenmächtigen Ver=
änderung des status quo verbunden sein würden;
diese bereits begonnenen, mit großem Blutvergießen
und schändlichen Ausschweifungen gegen Weiber
und Kinder verbundenen Operationen gönnen
keinen Spielraum zu weitwendigen Verhandlungen,
sondern nöthigen Oesterreich auf unmittelbaren
Abschluß zu bringen."

Dieser Abschluß erfolgte denn auch in erwünschter
Weise. Am 14. Februar war alles geordnet, Graf
Leiningen hatte seine Aufgabe glänzend gelöst. Unter
den Bedingungen auf welche die Pforte eingehen mußte,
befanden sich:

In Montenegro wird der status quo ante
bellum sowohl in territorialer als adminstra=
tiver Hinsicht hergestellt und das Land von den
osmanischen Truppen geräumt —

Der Rajah in den an den Kaiserstaat stoßenden
Provinzen des osmanischen Reiches wird eine
humane und gerechte Behandlung in genügender
und feierlicher Weise zugesichert —

Die von den türkischen Behörden in Bosnien
und der Hercegovina widerrechtlich erhobenen Zoll=
aufschläge auf österreichische Ein= und Ausfuhr=
Artikel hören auf 2c.

Den von seiner Regierung eingegangenen Ver=
sprechungen gemäß räumte Omer Paša alle Gebiete
die seine Truppen in Feindesland besetzt hatten. Die
Crnagora war aus einer großen Gefahr befreit, vielleicht
von dem Untergange ihrer politischen Selbständigkeit
und Unabhängigkeit errettet, und der nachbarliche Kaiser=
staat war es dem sie dies zu danken hatte.

VI

Luka Vukalović.

Nach dem von Omer Paša siegreich niedergeworfenen Aufstand der muhamedanischen Bosnier und Hercegovcen trat Churšid Mehmed Paša an die Spitze der Verwaltung, ein gebildeter und billig denkender Mann, der den Muslims Christen und Juden gleich gerecht zu werden strebte. Er suchte das Verhältnis zwischen den herrischen Begs und den dienst- und zinspflichtigen Kmeten zu einem erträglichen zu machen; er schritt gegen Uebergriffe der herrschenden Race mit unnachsichtlicher Strenge ein; er erlaubte den Christen Kirchen zu bauen. Es sollte ein großer Verwaltungsrath für die vereinigte Provinz gebildet werden, es sollten Mitglieder aller Bekenntnisse darin Sitz und Stimme haben. Auch eine Conscription der Häuser, des beweglichen und unbeweglichen Eigenthums wollte man durchführen und auf dieser Grundlage eine ge= rechte Vertheilung der Steuern in's Werk setzen.

Doch wie es schon oft geschehen war, so kam es auch biesmal. Die Beziere folgten auf einander, aber sie glichen einander nicht. Die Central=Regierung, von den europäischen Mächten gedrängt, machte ein Zugeständnis nach dem andern. Ein Befehl des Sultans Abdul Medjid vom 7. September 1854 gebot strengste Ein= haltung und Durchführung des Tanzimats von Gül= hane. Der Friede von Paris brachte neue Verheiß= ungen durch den Hati Humajum vom 18. Februar 1856. Aber nirgends mehr als von der türkischen Regierung galt neuester Zeit der italienische Spruch: Dal detto al fatto, ci vuol un gran tratto. Die Pforte sandte Mehmed Rešid Paša nach Bosnien, einen Alttürken, unter dessen kurzsichtigem Walten alle ehemaligen Mis= bräuche wieder auflebten, Bedrückung der Rajah, ja blutige Verfolgung derselben; zwei Wütheriche Abdul Efendi Uzunija und dessen Bruder Radžaj hatten freies Spiel. In der Posavina erhob sich die gedrückte und geschundene Rajah gegen ihre Peiniger, 1857. Meh= med Rešid wurde abberufen. Unter seinem Nachfolger

Kjani Paša wurde das Loos der Rajah noch härter.
Zahlreiche Verfolgte flüchteten auf österreichisches Gebiet,
sandten den Erzpriester Peter Gvozbić mit einer flehen=
den Bittschrift nach Wien. Der Hati Humajum, baten
sie, möge eine Wahrheit werden; man möge sie aus
dem Joche der Leibeigenschaft befreien, ihnen erlauben
als Menschen zu leben, treu ihrem Gott, treu ihrem
Monarchen dem Sultan. „Wir werden das Exil in
welchem wir seufzen nicht verlassen", so schlossen sie die
Schilderung ihres Elends; „wir werden aus dem Dickicht
der Wälder wo wir mit den Thieren die Nahrung
theilen nicht herausgehen; wir werden uns lieber in's
Wasser stürzen und unserem armseligen Dasein ein Ende
machen, als daß wir unter den Umständen wie sie jetzt
sind nach Bosnien zurückkehren." Die Pforte schickte
in die misregierten Provinzen eine Commission, die ver=
gebliche Anstrengungen machte den Uebermuth und die
Willkür der Begs zu brechen, 1858.

In diesem Jahre hatte es wieder einen Krieg zwischen
den Türken und Crnagorcen gegeben; die europäischen
Cabinete beorderten einen Ausschuß zur Lösung der
streitigen Gebietsfragen. Die Rajah der südlichen Hercego=
rina verlangte den Anschluß an das freie Bergland; doch
ihre Bitten blieben unerhört. Den Crnagorcen wurde
die freie Benützung des Hafens von Antivari zu=

gesprochen; dafür sollte den Türken gestattet sein eine
Verkehrsstraße über montenegrinisches Gebiet zu bauen,
1859. Im Jahre darauf fiel Danilo in Cattaro durch
den Schuß des landesverwiesenen Crnagorcen Kabić,
13. August 1860. Sein Nachfolger war Nikita.

*   *   *

Zu Anfang des Jahres 1861 erstand der Rajah
in den an Montenegro gränzenden Gebieten der Hercego=
vina ein Retter und Held Luka Vukalović. Er war,
wie es hieß, seines Zeichens Schmied, ein Mann von
herkulischer Gestalt und Kraft, was einen nicht geringen
Theil an dem Ansehen hatte, das er sich über seine
fast unausgesetzt auf dem Kriegsfuße mit den Türken
lebenden Landesgenossen zu verschaffen wußte. Wohl
blieb sein Auftreten nicht frei von allerhand Verdacht.
Daß französische Aufhetzerei, um Oesterreich Verlegen=
heiten zu bereiten, dabei im Spiele sei und daß Rollen
von Napoleond'ors, die ihm in gewissen Fristen zu=
kamen, als ein wichtiger Factor ihn bei seinem Unter=
nehmen warm erhielten, wurde von gewissen Seiten
hartnäckig behauptet und zur Bekräftigung darauf
hingewiesen, daß es ihm vor allem darum zu thun
gewesen, sich den Weg zur See offen zu halten von wo
ihm jene Beihilfen kamen. Luka Vukalović begann

nämlich sein Wagnis mit einem Angriff auf die Kula
der Sutorina, deren Besatzung abziehen mußte, worauf
er die Thürme zerstören ließ. Der Aufstand verbreitete
sich rasch über die Bezirke der Zubci — Luka hieß und
schrieb sich jetzt „Vojvode der Zubci" —, der Banjani,
über die Rubina, das Gebiet von Nikšić bis nach Gacko
und Piva gegen Mostar hin. Im März und April
gab es fortwährende Kämpfe die meist zum Nachtheil
der Türken ausfielen. Die Festung Nikšić wurde von
den Insurgenten umlagert und bedrängt; Zufuhren von
Proviant und Schießbedarf, welche die Türken der Be=
satzung aus Krstac zukommen lassen wollten, konnten
die sechs Stunden lange Enge von Duga nicht passiren,
die ihnen wiederholt verderblich wurde. Gegen Ende
Mai traf Omer Paša in Mostar ein, mit ansehnlicher
Streitmacht und ausgedehnten Vollmachten ausgerüstet.
In einer Proclamation die er an die Aufständischen
richtete verhieß er ihnen alles mögliche: Freiheit der
Gemeindeverwaltung unter selbstgewählten Vorständen;
volle Glaubensfreiheit mit der Erlaubnis Kirchen zu
bauen und Glocken zu gebrauchen; Verwendung beim
Patriarchen von Konstantinopel daß er ihnen in Hin=
kunft Bischöfe ihres Stammes und ihrer Sprache gebe;
gerechte Steuerbemessung; Erleichterungen in Erwerb
von Grundeigenthum u. dgl. m. Die europäischen

Consuln legten ihr Fürwort ein. Selbst Fürst Nikita ertheilte den Aufständischen den Rath die Hand der Versöhnung anzunehmen, sich auf die vom Serasfier formulirten Gewährungen hin dem Sultan zu unterwerfen, und so neues Blutvergießen zu vermeiden.

Allein die arme Rajah war zu lang und zu oft getäuscht worden, um sich durch bloße Verheißungen in neues Unheil verlocken zu lassen. In dem verfallenen Klostergebäude von Kosjerovo traten unter Vorsitz des Vojvoden Luka Vukalović Vertreter der Zubci, der Banjani, der Rajah von Piva und Gacko, aus der Rubina, von Nevesinje zusammen und einigten sich in dem Beschlusse auf das Anbot Omer Pašas nicht einzugehen. Seit fünf Jahren sei der Hati Humajum auf das feierlichste publicirt, und was sei die Folge davon gewesen?! „So oft wir an das uns vom Sultan gegebene Staatsgrundgesetz appellirten und daßelbe gegen die türkischen Unterbrücker mit unserem Blute vertheidigt haben, wurden wir als Rebellen verschrien und bezeichnet, als solche auch behandelt, mit Brandschatzungen bedroht, unser Hab und Gut von wilden Horden angegriffen, geplündert. Unsere unausgesetzten Leiden haben das Maß jedweder menschlichen Geduld erschöpft. In dieser trostlosen Lage macht man uns neuerdings Versprechungen! Aber Omer Paša verheißt uns weniger als uns der ron den europäischen Mächten verbürgte Hati Humajum schon vor fünf Jahren in Aussicht gestellt hat. Sollen wir noch einmal glauben? Die Reihe von unbestreit= baren nackten Thatsachen, daß leider bisher gerade immer das Gegentheil der großmüthigen und gnädigen Absichten und großherrlichen Entschließungen in's Leben trat, hat in uns den letzten Funken des menschlichen Zutrauens zu der Realisirung noch so günstiger Ver= sprechungen gelöscht und unterdrückt. Wir sind über= zeugt, daß, wenn auch mit großem Blutvergießen etwas weniges von den Versprechungen nach ungeheuren Hinder= nissen in's Leben eingeführt werden könnte, dasselbe an jenem Tage wieder vernichtet würde, an dem uns die Commission verlassen würde. Wir bitten daher die Repräsentanten der Großmächte Europa's an dem Prin= zipe der Nicht=Intervention festzuhalten, damit durch einheitliche Anerkennung desselben der Anwendung der Waffengewalt seitens Omer Paßas vorgebeugt werde. Denn nur dann können wir hoffen, daß wir endlich zu einer regelmäßigen Regierung gelangen, die unserer Re= ligion, unseren Sitten und Gewohnheiten, dem Geiste unserer Nationalität entspreche, auf deren Grundlage einzig allein unsere bürgerliche Gleichheit, religiöse und politische Freiheit sich naturgemäß entwickeln kön= nen". Gezeichnet: Luka Vukalović Vojvode der Zubci;

8

Serdar Djoko Radov aus Banjani, Jan Basiljev aus
Banjani, Vojvode Žarko Ležević aus Piva ꝛc.

Auch an die Rajah von Bosnien, die sich übrigens
diesmal ruhig verhielt, richtete der Serastier seinen Auf=
ruf, dessen Vertröstungen man dort eben so wenig traute
als in der Hercegovina. In dieser griff die Erhebung
immer weiter um sich. Fortwährend fanden kriegerische
Zusammenstöße statt, welche für die Tapferkeit beider
Theile neue Zeugnisse ablegten, aber zu keiner Ent=
scheidung im großen führten. Fürst Nikita machte jetzt
gemeine Sache mit der Rajah der südlichen Hercegovina
die sich, wie früher erwähnt, ohnehin nichts besseres
verlangte als mit den Crnagorcen vereinigt zu werden,
und Omer Paša hatte nun eine dreifach so schwierige
Aufgabe als neun Jahre früher vor sich. Denn auch
unter den bosnischen Muslims, zumal in der stets
störrigen Krajina, wo die Recrutirung und die Höhe
der eingeforderten Steuern Unwillen erregte, gaben
sich bedenkliche Wahrzeichen kund; ja sie drohten, falls
die hohe Pforte ihren Beschwerden nicht Abhilfe träfe,
mit den Christen in der Hercegovina in Bund zu treten
um sich von der nicht mehr zu ertragenden osmanischen
Herrschaft zu befreien.

Unter solchen Umständen mußte Omer Paša, der mit
1. September 1862 seinen Feldzug begann, bald nach allen

Seiten sich auf die Vertheidigung verlegen, besonders da
Luka Vukalović die Sutorina fortwährend in seinen Händen
hielt, wodurch dem Serasfier die Zufuhr zur See abge=
schnitten wurde. Während von der einen Seite die Crna=
gorcen die Insel Branjina im See von Skutari besetzten,
4. September, bei Spuž, bei Žabljak in türkisches Ge=
biet einfielen, Dörfer anzündeten und Vieh wegtrieben,
sah Luka seinen Heerhaufen, der mit einer Handvoll
Leute begonnen hatte, zu Tausenden anschwellen, mit
denen er seine Ueberfälle und Raubzüge immer weiter
ausdehnte, ja den kriegsgeübten Schaaren Omer Paša's
Gefechte in offenem Feld mit wechselndem Kriegsglück
lieferte. In der Nacht vom 26. zum 27. October
griffen die Insurgenten von Gacko Piva Banjani,
von einem montenegrinischen Zuzuge unterstützt, die be=
festigte Stellung der Türken bei Piva an und schlugen
diese mit großen Verlusten aus den Verschanzungen
heraus, so daß Omer Paša für gut fand sich nach
Gacko zurückzuziehen. Jetzt nahm Luka's Anhang rei=
ßend zu. Mitte November hatten sich, außer den
ursprünglichen an die Crnagora gränzenden Bezirken,
auch die von Suma Površje und Popovo Polje längs
des dalmatinischen Küstenstriches dem Aufstande ange=
schlossen, die türkischen festen Plätze Trebinje Klobuk
Nikšić waren von ihnen umlagert und eingeschlossen,

Luka's Vorposten standen bis Gabela Počitelj Stolac
Nevesinje Foča. Eine so bedrohliche Gestalt nahmen
die Dinge an, daß der Serasfier, um sich mindestens
nach der einen Seite Luft zu machen, Verhandlungen
mit Luka Vukalović anknüpfte, ihm das Generals-Patent
anbot falls er ihm die Unterwerfung der Sutorina
verschaffte, Ende Februar 1863. Luka antwortete mit
einem Aufrufe worin er jedem Sutoriner, der sich den
Türken unterwürfe mit dem Tode, jedem Dorfe, das
sich an die Türken ergäbe mit der Einäscherung drohte.
Im April drangen die Crnagorcen im Gebiete von
Nikšić vor, schlugen sich in dreitägigem blutigen Kampfe
in den Engpässen von Duga, bemächtigten sich mit
stürmender Hand der Stadt Nikšić, 13. Mai. Aber
von da trat ein Wendepunkt ein. Mit der Beihilfe
der Albanesen, die unter den räuberischen Einfällen der
Crnagorcen am meisten gelitten, verfügte Omer Paša
über eine Streitmacht von fünfzigtausend Mann, die
er von zwei Seiten gegen die schwarzen Berge richtete.
Während sich im Nordosten Derviš Paša nach blutigen
Gefechten den Marsch durch die Duga erzwang, Stadt
und Gebiet von Nikšić vom Feinde säuberte, drang ein
anderes Heer von Südwest in das Gebiet der Bjelopavlićen ein, schlug die Montenegriner bei Martinići
und rückte mit Macht gegen die Hauptstadt vor. Im

Juni und Juli wurde mit gleicher Erbitterung, aber mit wechselndem Kriegsglück gefochten, die Helden Mirko und Krco Petrović schlugen wiederholte Angriffe des Feindes zurück, der ungeheure Verluste erlitt. Aber auch die Reihen der Crnagorcen lichteten sich mehr und mehr, sie kämpften mit dem Aufgebot all' ihrer Kräfte, während die türkischen Pašas ihre Lücken durch immer frische Abtheilungen ergänzten. Im August richteten diese ihren Hauptangriff gegen die Rjeka; nach einem helbenmüthigen, aber erfolglosen Widerstande räumten die Crnagorcen das gleichnamige Dorf und zündeten es an, 24./25. August. Schon standen die Türken in Dobrsko Polje, von dessen Höhen sie nach Cetinje hinein=sehen konnten, dessen Vertheidiger ihre Weiber und Kinder mit ihrer beweglichen Habe nach Njeguš schickten; die Verwundeten an die österreichische Gränze schafften; sie waren entschlossen Cetinje in Asche zu legen wenn die Türken weiter vorrücken sollten. Da sandte Nikita einen Vertrauensmann in das Haupt=Quartier Omer Pašas nach Skutari um Frieden zu bitten, 31. August, ben ihm dieser auf Grund der Bedingungen von 1859 großmüthig gewährte.

Nun hatte es auch mit dem Aufstande der Herce=govcen ein Ende. Unter Vermittlung der kaiserlichen Behörden von Ragusa fand daselbst eine Zusammenkunft

Luka's mit dem von dem Serasfier dahin beorberten
Churšib Paša statt. Vukalović stellte eine Urkunde aus,
welche die Unterwerfung aller unter seinem Befehle
gewesenen Bezirke zusicherte, wogegen Omer Paša voll=
ständige Amnestie versprach und den ehemaligen Insur=
genten=Chef zum Bimbaši (Major) mit einem Monats=
gehalte von hundertfünfzig Gulden Silber ernannte;
er sollte über fünfhundert von ihm selbst gewählte Pan=
duren gebieten und mit diesen Ruhe und Ordnung in
den ihm zugewiesenen Gebieten Banjani Zubci Kruše=
vica und Sutorina aufrecht halten, 13. September.

* * *

Es ist fast ermüdend zu wiederholen was jetzt,
wie jedesmal nach gebändigtem Aufstand, trotz der
europäisch garantirten Zusicherungen der Pforten=Regier=
ung, trotz der so lockenden Zusagen Omer Pašas, in
Bosnien neuerdings vorfiel. Unter dem Vorwande
den verkündeten Reformen Durchbruch und Geltung zu
verschaffen, richteten die türkischen Behörden eine Sicher=
heitswache ein, die aber das gerade Gegentheil von dem
war was sie sein sollte. Zusammengefangene Strolche
bildeten sie, die man in Nizam=Uniformen steckte und
die nun ihr früheres Handwerk gleichsam von Amts=
wegen fortsetzten. Ihre Frechheit ging so weit, daß sie

den Leuten am offenen Tage das Mehl wegnahmen das diese aus der Mühle nach Hause trugen. Die Agas ließen sich Paläste aufführen, wozu ihnen die Rajah ohne jedes Entgelb das Material liefern und Arbeit leisten mußte. Das Elend war wieder so groß, daß zahlreiche Familien als Flüchtlinge oder zum Zwecke förmlicher Ansiedlung über die Save setzten. Auch aus Rußland und Serbien kamen Einladungen, und viele Familienhäupter verkauften Haus und Hof um sich im Osten eine neue Wohnstätte zu gründen. Da ließ Ruß= land plötzlich durch seine Agenten contramandiren: „es brauche keine Ansiedler, am wenigsten aus Bosnien, weil hieburch nur Einwanderern aus Circassien Platz gemacht würde". Serbien nahm zwar einige hundert bosnische Flüchtlinge auf, dann wurde es ihm aber zu viel, es steckte sich hinter die von Rußland gebrauchten Ausflüchte, und ganze Schaaren die an den serbischen Thoren um Einlaß bettelten, wurden zurückgewiesen; sie mußten umkehren in ihre alte Heimat wo sie ihr Hab und Gut in fremden Händen fanden. Das neuge= schaffene Fürstenthum hat zu wiederholtenmalen mit der bosnischen Rajah ein herzloses Spiel getrieben; es hat sie in den Krieg gehetzt, wenn es deren Mithilfe für seine selbstsüchtigen Zwecke beburfte, und es hat sie in vornehmer Abkehr sich selbst überlassen, sobald es durch einen Frieden mit dem gemeinschaftlichen Feinde sich eigene Vortheile erringen konnte.

In den süblichen hercegoviner Bezirken, die dem polizeilichen Wirkungskreise Luka Vukalović' anvertraut waren, ging in der ersten Zeit alles vortrefflich. Sie hatten ihre Kirchen mit Thürmen und Glocken, sie hatten Schulen ihres Glaubens, eine selbstgewählte Gemeindevertretung, eine unabhängige Gerechtigkeits= pflege; die Steuern waren geregelt, jede Willkür aus= geschlossen, ihre Töchter hatten nicht zu fürchten tür= kischer Lüsternheit zum Opfer zu fallen. So beneidet waren diese Zustände, daß man sagte: „Wenn es in allen Theilen der Hercegovina so aussähe wie in der Sutorina, in den Bezirken von Kruševica Zubci und Banjani, hätte man sich nichts zu verlangen als den Schutz und Schirm des Großherrn in Stambul!"

Doch eben das war eine Anomalie in den Augen der Alt=Türken, ein böses Beispiel das die guten Sitten der andern Provinztheile verderben konnte und das man darum aus dem Wege räumen müsse. Sali=Efendi, der Kaima= kam von Trebinje, erlaubte sich die empörendsten Uebergriffe. Als die unter Vukalović' Leitung stehenden Hercegovcen dagegen eine Beschwerde an den Sultan richteten, worin sie über Verletzung der Omer'schen Pacifications=Punkte klagten, ließ der Kaimakam die vier Männer, welche

die Petition über Ragusa nach Stambul zu befördern
hatten, aufgreifen und in Kerker werfen, wo er sie so
lange hielt bis sie eine das gerade Gegentheil der zu
überreichenden Klageschrift enthaltende Urkunde unter=
schrieben.

Sali=Efendi wurde zwar abberufen; allein sein
Nachfolger Munib=Efendi überbot ihn noch. In der
unverkennbaren Absicht Luka Vukalović in eine Falle
zu locken und aus dem Wege zu räumen, lud er ihn
und die Häupter der ihm unterstehenden Bezirke zu einer
Unterredung an einem Orte ein, wohin sie nur durch
einen, Versteck und Hinterhalt bietenden Wald gelangen
konnten. Doch Luka war kein Unerfahrener: er machte
sich mit den Häuptern auf den Weg, nahm aber die
fünfhundert Panduren mit über die er übereinkunfts=
mäßig zu gebieten hatte. Natürlich daß Munib=Efendi,
der auf solche Begleitung nicht gefaßt war, sich ganz
ruhig verhielt und bei der Zusammenkunft, die dann
statt hatte, die Anlegung einer Straße in die Sutorina
und die bessere Befestigung von Trebinje zur Sprache
brachte, worauf die Hercegovcen erwiderten, sie würden
in nichts willigen was nicht in den Verträgen stipulirt
worden, Juli 1864. Vukalović mit den Seinen kehrte
in seine Heimat zurück, nicht ohne seine Mannen in
die Waffen zu rufen, da er darauf zählen konnte, daß

der wuthentbrannte Kaimakam seine ganze Macht gegen ihn aufbieten werde. So kam es auch; bald standen sich beide Theile in voller Rüstung gegenüber und es schien, daß es zur Schlacht kommen müsse. Allein es verlief alles im Sande, die Haufen gingen auseinander, die Leute schienen kampfmüde zu sein, und ihr Held und Schirmer fand es für gut sich auf montenegrinisches Gebiet zurückzuziehen, wozu ihm der Vojvode von Grahovo Pferde für sich und sein ganzes Gefolge zur Verfügung stellte, August. Zu Anfang 1865 erschien er im Bergwald Jastrebica, Bezirk Zubci, wo ihm die Pforte volles Vergessen und Verzeihen anbieten ließ. Er hatte guten Grund dieser Zusage zu mistrauen; er verlangte Einhaltung der Verheißungen von 1861, Amnestie für alle hercegoviner Flüchtlinge, Zurückgabe ihres confiscirten Vermögens. Als er sich in seinem heimatlichen Aufenthalte nicht mehr sicher fühlte, rief er russischen Schutz an und begab sich nach Odessa.

Nach Luka's Scheiden, Juli 1865, wurde das selbständige Sandžak Herjek wieder aufgehoben und mit jenem von Bosnien vereinigt, wie es vor Ali Rizvan's Tagen gewesen war.

VII

„Die Nacht hat sie verzehrt".

ines der erſten Wiener Blätter hat zu Anfang der ſiebenziger Jahre einen Leit-Artikel über ſüd-ſlaviſche Zuſtände in der Türkei mit den Worten begonnen: „In einem Thal bei armen Schweine-hirten regt ſich in jedem jungen Jahr die Sucht ſich be-merkbar zu machen.".... Jawohl, ſich bemerkbar zu machen! Woburch? Natürlich durch einen „Schmerzensſchrei". Einen Schmerzensſchrei? Etwa wie ihn ein junger welt- und europamüder deutſcher Poet ausſtößt und auf glattem Papier gedruckt in die Welt hinausſendet? O nein! Die Schmerzensſchreie, die von bort brüben herüber-tönten, waren wohl anterer Art, unb wenn ſie bisher

nicht aufhörten zu uns zu bringen, so daß es den
Koryphäen unserer Tagespresse langweilig zu werden
begann, ihnen nur Stoff zu Spott und wohlfeilen
Witzen bot, so lag der Grund einzig darin, daß die un=
erträglichen Zustände die jene Klagen auspreßten, trotz
aller Stambuler Reformplane, trotz Tanzimats, Hati
Serifs und Hati Humajums, nach einigen Pausen des
Nachlassens und scheinbarer Besserung, immer wieder=
kehrten. Für uns in unserem Wohlleben — und das
Bewußtsein waltender Gerechtigkeit und persönlicher
Sicherheit hat der Aermste unter uns! — mochte es
allerdings leicht sein, darüber zu sprechen und obenhin
zu urtheilen, was uns von Zuständen und Ereignissen
in den türkischen Gebieten der Balkan=Halbinsel, „bei
den armen Schweinehirten", unglaubliches berichtet ward.
Aber wer nur einige Phantasie besaß und wem das
Herz nicht abging sich in fremde Lagen hineinzuversetzen,
der mußte sich am Ende gestehen: die dort unten sind
doch auch Menschen „so zu sagen", zu menschenwürdigem
Dasein berufen, mit einem „Vollmachtbrief zum Glücke"
in der Wiege.

Oder war es ein menschenwürdiges Dasein zu
nennen, was die Rajah, die Heerde der Djaurs, unter
dem Walten des Halbmondes führte?! Gewiß nicht!
Denn die Heerde war schutz= und rechtlos, der türkische

Hirt war nicht da um sie zu hüten, sondern blos um
sie zu scheeren, oder auch: er hütete sie blos um sie
scheeren zu können, gleich jenem Čengić Aga der seinen
Schergen zugerufen: die Rajah zu martern und zu
peinigen, ihr das letzte auszupressen, aber nicht sie zu
tödten; „denn keine Rajah, keine Kopfsteuer!“ Diese
Kopfsteuer, harač, war die auszeichnende Zinspflicht der
Rajah vor der Zeit der Reformen; seither sollte die
Steuer von allen Unterthanen ohne Unterschied des
Glaubensbekenntnisses entrichtet werden. Allein diese
Gleichheit blieb auf dem Papiere. Den härteren Theil
hatten nach wie vor die Djaurs zu tragen, geschunden
vom Vezier und von den türkischen Beamten, welche
letztere bei ihrer schlechten, oft wohl ganz ausbleibenden
Bezahlung auf dieses Aussaugen förmlich angewiesen
waren. Dabei kam es, weil das Ausstellen von
Quittungen eine unbekannte Sache war und etwa der
Mudir (Bezirksrichter) an einem schwachen Gedächtnisse
litt, gar nicht selten vor, daß die schon bezahlte Abgabe
noch einmal eingefordert wurde und bezahlt werden
mußte. Dazu rechne man die Blutsteuer; die Herbei-
schaffung der Bedürfnisse für die Truppen, die fast ausschließlich der christlichen Landbevölkerung zur Last fiel;
die unentgeltlich zu leistenden Dienste bei öffentlichen
Bauten. Das waren die Gaben und Leistungen an

den Staat. Nun kam aber der Beg oder Aga mit seinen Forderungen. Das gewöhnliche war Ablieferung des Drittels oder der Hälfte der Fechsung, je nachdem der Kmet (Bauer, Pächter) sein eigenes Zugvieh hatte oder es vom Grundherrn geliehen bekam. Wurde das Quantum in natura abgeliefert, so hatte der Kmet oft Tagereisen in den Wohnsitz des Aga zu machen. Aber das war am Ende erträglicher als wenn der Grundherr die Gebühr in Geld verlangte und selbe entweder, einen Rundritt durch sein Gebiet machend, in Person oder durch seinen Aufseher (subaša) eintrieb; denn dabei war der Unterthan jeder Willkür der Schätzung preis= gegeben. Am ärgsten vielleicht war das Loos des Grund= holden in Türkisch=Kroatien. Er hatte keinen unbeweg= lichen Besitz; der Herr konnte ihn jeden Augenblick von Haus und Hof jagen und einen andern darauf setzen; jede Zadruga (Hausgemeinschaft) mußte einen Burschen und eine Magd zum unentgeldlichen Dienst in den Haus= halt des Aga stellen, der Kmet mit eigenen Händen dessen Felder bearbeiten und überdies von dem Erträg= nisse seiner Pachtgründe einen Theil abführen. Zwar sollte nach dem neuern Gesetze der Aga ein Drittel der Regierungssteuer für den Kmeten zahlen; aber auch das wurde häufig umgangen und die ganze Last fiel auf den Grundholden. Den orthodoxen Bosnier trafen, nebst den Steuern und Leistungen für den Staat, dann der Robot und den Abgaben an den Gutsherrn, überdies die schamlosesten Erpressungen der phanariotischen Geistlichkeit.

Im Jahre 1850 begann Oesterreich mit der Ernennung eines General-Consuls in Bosna Sarai; in den Jahren 1855 1856 1857 folgte die Errichtung der russischen französischen britischen Consulate daselbst, 1863 und 1864 thaten Italien und Preußen das gleiche. Oesterreich hatte außerdem einen Consul in Mostar, dann Vice = Consuln in Travnik Trebinje Livno und Brčka. In Mostar hatten auch die anderen Mächte Consuln. Diese Vertreter der europäischen Cabinete hätten nun den Beruf gehabt, sich um die rechtlose Rajah anzunehmen, darüber zu wachen und das Ansehen ihrer Regierung dafür einzusetzen, daß die von der hohen Pforte gemachten Zusagen eingehalten würden. Aber sie hatten für's erste für ihre eigene Sicherheit und die ihrer Angehörigen zu sorgen. Den eingefleischten Muslims war alles Fränkische ein solcher Greuel, daß sie selbst das Völkerrecht nicht achteten. Als einst von Ragusa eine friedliche Gesandtschaft nach Mostar kam, da eben eine Knabenschule nach Hause ging, wurde sie von den Jungen mit Aepfeln und dergleichen, selbst Steinen beworfen, was Erwachsene zu ernsteren

Angriffen reizte, so daß jene von Glück sagen konnte, mit dem Leben davonzukommen. Der britische Consul und dessen Frau wurden eines Tages, wie Franz Maurer aus dem Munde eines andern Consuls erfuhr, auf einem Spazierritt von türkischen Soldaten beschimpft, wobei die Dame einen Bajonnetstich durch ihren Hut erhielt. Den russischen Consul Kudriavsev trafen bei jedem Ausgang Drohungen und Schimpfreden der ärgsten Sorte; seine Frau wagte er schließlich gar nicht aus dem Hause zu führen, denn obwohl sie die Landessprache nicht verstand, war es ihm doch peinlich, die Gemein= heiten zu hören, die ihr von den Leuten, meistens Sol= daten, zugerufen wurden. Bei so bewandten Umständen darf es nicht Wunder nehmen, wenn die Anwesenheit europäischer Vertreter in Sarajevo und Mostar dem gewohnten System der Bedrückung der Rajah, ja der unmenschlichsten Behandlung derselben nicht im min= desten Einhalt that, wenn sich Beschwerden über die unglaublichsten Vorgänge in jenen unglücklichen Ländern nach wie vor vernehmen ließen.

* * *

Lassen wir vor unserem geistigen Auge eine Reihe von Bildern vorüber gleiten, welchen Charakters und Grades die Vorgänge gewesen, die der Rajah in den kroatisch = dalmatinischen Hinterlanden ihre Klag= und Hilferufe auspreßten. Ich schlage meine Mappen auf und wähle Beispiele von verschiedenen Berichterstattern, aus verschiedenen Jahren, aus verschiedenen Gegenden des Landes!

Da haben wir einen Correspondenten der „Oesterr. Ztg." aus der zweiten Hälfte October 1857. Der Schauplatz ist der aus den gegenwärtigen Kriegsgeläuf= ten sattsam bekannte Bezirk von Grabačac, dessen Mudir mit vierundvierzig seiner Leute auf einer Rund= reise begriffen ist, „um Steuern einzutreiben". Er heißt Mahmud Beg Čapanoglu und stammt aus Klein= asien; die Sage geht, er sei eines der eintausendzwei= hunderteinundachtzig Kinder, die sein Papa von ein= tausendeinhundertachtzehn Frauen gehabt. Er kommt in das Dorf Stugrin an der Jlivaca=Rjeka. Nachdem die Leute die kaiserlichen Steuern bei Heller und Pfennig bezahlt haben, ruft er sechs der angesehensten Dorf= bewohner heraus und verlangt von ihnen, sie sollen sich vertragsmäßig verpflichten, alljährlich das Drittel ihrer Bodenerzeugnisse ihrem Beg abzuliefern. „Herr, es gibt kein Gesetz das uns dazu verhielte", erwiedern die Bauern. „Wir haben den Boden urbar gemacht, wir haben ihn durch unserer Hände Arbeit zu seiner jetzigen Ertragsfähigkeit gebracht, der Beg hat uns nicht einen

9*

Para dazu gegeben. Der Großherr in Konstantinopel
möge darüber entscheiden, ob wir im Rechte sind." Der
Mudir ruft seine Leute, die sechs Bauern werden mit
Stricken geschnürt und aneinander gepreßt, und über
dieses Bündel Menschen springen die Türken, um zu
erproben wer es besser treffe. Auf dem Wege in die
Bezirksstadt wurden die sechs derart zugerichtet, daß
ihnen, als man sie über den Platz von Grabačac trieb,
aus Mund und Nase Blut floß, die Augen blutrünstig
und geschwollen zum Herausspringen waren; denn außer
den Stricken um die Brust hatten sie eiserne Halsringe,
die ihnen das Athmen erschwerten. Unter solchen
Qualen stieß man sie in den Kerker. In dem Dorfe
Erkvina spielte sich ein ähnlicher Auftritt ab; hier
wurden acht Dorfbewohner gepackt; „einer der Unglück=
lichen", so schreibt unser Gewährsmann, „ist klein von
Statur, wurde aber zwischen zwei unverhältnismäßig
große Gefährten gepreßt, von denen er an der Halsbinde
wie von einem Galgen herabhing." Als diese Un=
menschlichkeit dem Paša von Tuzla zu Ohren kam,
befahl er die Freilassung der Gemarterten: doch zehn
von ihnen wechselten den Kerker mit ihrem Sterbelager...

Es ist in jenen Jahren ein gräßliches Wort in
Schwang gekommen: „Noc go izjede — die Nacht
hat ihn aufgezehrt". Das wollte sagen: er ist ver=

schwunden; er ist heimlich gemordet, abgeschlachtet, vielleicht zuvor unmenschlich gemartert worden; man weiß nichts von ihm. Als im Jahre 1858 die Drang= sal der bosnischen Rajah einen unerhörten Grad er- reichte, meldete sich eine Deputation beim Fürsten Kalimachi in Wien, um ihm eine Adresse an den Sultan zu überreichen, aus der einige Stellen hervor= gehoben sein mögen:

„Ein Türke vermag noch so viele Verbrechen zu begehen ohne jedwede Furcht, je dafür bestraft zu werden; denn obgleich der Hati Humajum die Christen zur Zeugenschaft gegen die Türken be= rechtigt, so ist doch diese Anordnung in Bosnien noch ohne jede Geltung und Werth. Wenn ein Türke einen Christen ermordet, kann er ungeach= tet dieses Mordes unbesorgt und ruhig schlafen, wenn nur kein Türke als Zeuge gegen ihn auf= tritt, weil eine noch so große Anzahl christlicher Zeugen keinen Beweis gegen einen solchen Mörder herstellt. Von vielen Beispielen sei hier blos eines erwähnt. Ścepan Stojšić aus Kubić= polje und Ścepan Narandjić aus Korentica, Peter Starćević und der Ortsälteste (knez) Nikolaus Mikić aus Tolisa hatten zwar Muth, sich der Willkür eines Aga zu widersetzen und die ungerechte Abgabe des Drittels zu verweigern, wurden aber auf Befehl der Behörde jeder mit fünfhundert Fußsohlen=Hieben bestraft. Von diesen Unglücklichen blieb der einzige Mikić am Leben, denn die übrigen gaben ihren Geist noch während der Exekution auf...."

Die bosnischen Agas und Begs behaupten, das
bosnische Erdreich sei weder das Eu. Majestät
noch das der Rajah; denn sie sind es, wie sie
sagen, die dieses Land von Eu. Majestät um
ihre Dukaten abkauften; wir Rajah haben uns
damit zu begnügen, daß sie es uns gönnen, in
demselben zu wohnen und es zu bearbeiten; in
ihrer Macht stehe es, uns alle, wie wir sind, fort=
zujagen, da wir ihre Sklaven seien und sie unsere
Herren... Die getreue Rajah Bosniens ist bereit
jede Steuer zu entrichten, welche Eu. Majestät
einzuführen für gut finden werden, aber das
Drittel raubt uns alles, und die willkürliche Art
des Eintreibens brachte die christlichen Familien
an den Bettelstab. Die bosnischen Begs be=
gnügen sich nicht mit dem Drittel in Natura,
sondern schätzen dasselbe in Geld ab, aber so, daß
die Geldabgabe den Werth der gesammten Frucht
bei weitem übersteigt. Es geschieht oft, daß man
sich begnügen muß, wenn der Beg die ganze
Frucht wegnimmt und nur noch nebenbei auch
kein Geld fordert... Wir müssen das Drittel
auch von Tabak, Erdäpfeln, Kraut, Flachs u. s. w.,
ja sogar von Blumen leisten, von Heu verlangt
man nicht das Drittel sondern die Hälfte, und
diese muß auch gegeben werden.

Das Drittel, der Zehent, die Militär=Befreiungs=
taxe und die Steuern verschlingen alles, was
zu unserem und unserer Familien Unterhalte noth=
wendig wäre. Es geschieht, daß man, angetrieben
von Hunger, sein eigenes Kind verkaufen muß, um
die übrige Familie nicht zu Grunde gehen zu
lassen. Zu dem allen gesellt sich, daß nicht ein=
mal unsere Person vor der Gewaltthätigkeit un=

ferer Glaubensfeinde gesichert ist. Viele Christen
zehrte die Nacht auf (Mnoge hristjane noc
izjede), ohne daß man weiß, warum und wo=
durch. Zuletzt ergriff die Verzweiflung die bos=
nische Rajah, und dieselbe ist gesonnen, Land und
Haus zu verlassen und auszuwandern, wenn ihr
nicht die Allerhöchste Gnade Eu. kaiserlichen Ma=
jestät zu Theil wird" ...

In der vom 26. Juli 1858 datirten Bittschrift
der nach „Cäsarien" geflüchteten Bosnier geschah u. a.
folgender Thatsachen Erwähnung: „Der Zehentpächter
im Bezirke von Dubica Hassan Bečić ließ auf den
Rücken eines unglücklichen Christen, Michael Babić mit
Namen, einen ungeheuren Sack schwarzer Erde laden
und ihn so vor sich hergehen, indem er fortwährend mit
dem Stocke auf ihn einschlug und schrie: ‚Sachte
sachte, daß Du mir die Flaschen in meinem Korbe
nicht zerbrichst!' Während des letzten Winters wurden
mehrere Christen aus Novi an Bäume gebunden und
bei der strengsten Kälte von Zeit zu Zeit mit Eiswasser
begossen, das dauerte mehrere Tage und Nächte. Aus
einer blosen Laune, wie das bei Türken vorkommt, hat
der Sohn des Kapetan von Prjebor Hussein Bey den
Jan Mijić aus Murati und den D. Marina aus
Uchvica todtgeschlagen. Grausamkeiten, welche die Zunge
sich sträubt auszusprechen, sind jüngster Zeit begangen

worben, ohne daß man auswärts etwas davon erfahren
hat". . . .

Selbst die türkische Gerechtigkeitspflege, besonders
wo sie einen aus der Rajah betraf, der von Muslims
eines Verbrechens geziehen oder auch nur in Verdacht
genommen worden, hatte einen Charakter grausamster
Art. Vernehmen wir einen Correspondenten aus Bihać
2. November 1861: „Als ich gestern vor der Amtswohnung des Kaimakams in der Festung vorbeiging,
sah ich dort mehrere Panduren mit einem auf dem
Boden liegenden Menschen — seiner Kleidung nach
einem griechisch=orientalischen Christen — beschäftiget.
Mein Begleiter sagte mir, daß da eine Exekution von
Fußsohlenstreichen vorgenommen werde. Dem armen
Delinquenten wurden mit Stricken die entblößten Füße
auf eine lange Stange derart festgebunden, daß der
Fußrücken auf die Stange zu liegen kam und die Fuß=
sohlen nach aufwärts standen. Nun wurde die Stange
von zwei handfesten Panduren auf ihre Schultern ge=
hoben, und zwei andere droschen mit Knitteln auf die
Fußsohlen durch eine volle Viertelstunde aus Leibes=
kräften los, während der Delinquent, furchtbar heulend,
mit den Händen sich auf dem Boden hielt, bis er end=
lich zu Ende der Exekution nur röchelte und den Kopf
auf das Straßenpflaster herabsinken ließ. Auf meine

Frage, was er für ein Verbrechen begangen, erhielt ich
die phlegmatische Antwort: er sei verdächtig Räuber be=
herbergt zu haben, und wolle nicht angeben wo sie jetzt
wären. Hierauf trug man ihn fort und warf ihn,
unbekümmert ob er lebe oder nicht, in ein Kerkerloch.
Wie entmenscht das Gefühl der Türken für den christ=
lichen Unterthan sein muß, können Sie daraus ermessen,
daß ein Beamter des Kaimakams ruhig rauchend der
Strafvollziehung zusah, und endlich das Zeichen gab
mit derselben aufzuhören. ... Wie es mit der Aus=
übung der Justiz den Christen gegenüber im bosnischen
Lande bestellt ist, kann folgender erst kürzlich vor=
gekommener Fall beweisen. Ein ‚Djaur‘ aus Josane
wurde von dem Türken Achmet Murić erschossen; als
Zeugen dieses Mordes traten mehrere Familienglieder
des Ermordeten auf, nach allen Haupt= und Neben=
umständen war das Verbrechen nicht zu bezweifeln, und
die Gesetze jedes andern Landes würden den Thäter als
schuldig verurtheilt haben. Aber in der Türkei gilt un=
geachtet des Hati Humajum, der die Gleichberechtigung der
Rajah mit dem Muselmanne vor dem Gerichte fest=
setzte, kein Zeugnis der Christen gegen den Türken, und
auf diesen Grundsatz des Koran hin wurde die Familie
des Ermordeten mit ihrer Klage abgewiesen, weil kein
rechtgläubiger Muselmann als Zeuge auftrat“. ...

„In Bosnien", hieß es in einer Correspondenz des „Pokrok" aus Banjaluka 9. Juni 1872, „werden jetzt an den Christen unerhörte Grausamkeiten begangen. Vor kurzem wurde hier der orthodoxe Geistliche Jovica aus dem Dorfe Kaoca aufgeknüpft, weil drei Nizams ihn des Mordes an einem gewissen Alaj-Begović be= schuldigten. Diese drei Nizams haben nachderhand ein= gestanden, daß sie selbst den Alaj-Begović, auf Geheiß ihres Obern der es mit dem Weibe des Ermordeten hielt, ermordet haben. Das ganze Dorf, welchem Jo= vica angehörte, hat Zeugnis dafür abgelegt, daß er an dem Tage wo der Mord begangen wurde die Schwelle seines Hauses nicht verlassen; aber was vor einem türkischen Gerichte das Zeugnis der Glieder einer christ= lichen Gemeinde gegen das Zeugnis dreier türkischer Taugenichtse für Gewicht habe, das wissen wir alle. Auf Grund einer solchen Aussage wurde der Pope, und nicht blos er sondern auch sein greiser Vater in's Gefängnis geworfen, und ihr Vermögen von den Türken eingezogen, wobei der griechische Metropolit redlich mit= geholfen hat. Ehe die Bestätigung des Urtheils aus Konstantinopel einlangte, starb der alte Jovica im Kerker und wurde nachderhand an den Galgen gehängt. Solche Dinge geschehen unter uns! Soweit ist es ge= kommen, daß die Türken in den Städten auf offener

Straße wohlhabendere Serben ausplündern, in den Dör=
fern aber rauben was ihnen unter die Finger kommt.
Nun ja, sie wissen daß ihre Stunde bald schlagen wird,
und so sorgen sie dafür sich auf den Weg mit Reisegeld
zu versehen!" . .

Anfangs December desselben Jahres wurde aus
Nord=Bosnien geschrieben: „Mord= und Gewaltthaten
sind an der Tagesordnung. Der Kaimakam der Stadt
Tešanj ließ die serbischen Handelsleute Nikola Jankovič
und Stipa Martić erschießen, weil sie sich erdreistet
hatten während des Ramazan Fleisch zu essen. Der
Kaufmann Konstantin Petrović wurde auf dem Wege
von Sarajevo nach Brčka von den dazu beorderten
Nizams ausgeraubt und erschlagen. Die Schuld der
That wurde dann auf die Rajah der benachbarten Dörfer
geschoben, aus denen nicht weniger als 355, sage drei=
hundertfünfundfünfzig, zu tödtlichen Martern verurtheilt
wurden; fünf erlagen denselben sofort, die übrigen
wurden halbtodt in die Kerker geworfen, wo sie ohne
Pflege dahin siechen. Die Richter, die eine Justiz solcher
Art handhaben, sind die Kaimakams von Gračanica und
Maglaj, und weil sie nach diesen Unmenschlichkeiten einen
allgemeinen Aufstand der Rajah befürchteten, ließen sie
sämmtliche Ortschaften in den Nahijen Tešanj Maglaj
und Gračanica mit Panduren und Militär besetzen".

Was man um diese Zeit von den Zuständen in Bosnisch=Gradiška, dann in der Posavina, also in Gegenden hart an der österreichischen Gränze vernahm, wo es um dieser Nachbarschaft willen vergleichsweise milder herging, war geradezu haarsträubend. Ein gewisser Meho Mujunović betrieb dort ganz offen und syste= matisch das Räuberhandwerk, die Panduren wurden seine Gesellen, der Vali Osman Paša, dem er einen Theil des geraubten Geldes abführen mußte, war sein Beschützer, die christliche Rajah sein Opfer. Erhoben die Beraubten bei den türkischen Richtern Klage, so wurden sie abgewiesen; man zieh sie der Verleumdung und verurtheilte sie zu harten Strafen um sie von weitern Beschwerden abzuhalten. Ja man ging so weit die Rajah selbst der Räubereien zu beschuldigen; die Zaptijeh marterten einen nach dem andern so lang bis er mit den wenigen Dukaten herausrückte die er sich beiseite gelegt hatte, so daß diese Amtshandlung der Gensdarmerie nur eine Fortsetzung und weitere Art von Ausraubung war, wobei allerhand Schand= thaten andern Charakters mit unterliefen. „Es schien aber nicht genug", hieß es in einem Berichte aus Sarajevo vom 30. Januar 1873, „das Landvolk bis auf's Hemd auszuziehen, dessen Weiber und Töchter zu schänden; es gelüstete die Gesellschaft nach den vollen

Schränken, nach dem kostbaren Familienschmuck der
christlichen Kaufleute in den Städten. Dieser Plan
scheiterte an der entschlossenen Haltung der gesammten
städtischen Bevölkerung. Man wird es in Europa nicht
für glaubhaft halten, denn es klingt wie eine Erzähl=
ung aus längst vergangenen wüsten Zeiten, und doch
ist Punkt für Punkt die vollste Wahrheit. Die Gra=
biskaner haben telegraphisch beim Sultan, beim Groß=
Vezier, beim Gouverneur der Provinz um ungesäumte
Entsendung einer Untersuchungs=Commission gebeten.
Aber man hört bis zum heutigen Tage nichts von dem
Eintreffen einer solchen... Und die Vertreter der Groß=
mächte?.. Nun, die haben ihre jours fixes, ihre
Matinées und Soirées und unterhalten sich prächtig,
was will man mehr?"..

* * *

Wohl hatte es seine nahe liegenden Gründe warum
die Organe der otomanischen Regierung, trotz der von
derselben so oft und so feierlich gemachten Verheißungen
gleichen Rechtes für die Rajah wie für die Muslims
und trotz manchen ganz ernstlich genommenen Anlaufs
die Worte des Tanzimats aus dem Rosenhause (Gülhane)
zur Wahrheit zu machen, immer wieder darauf zurück=
kamen ihren türkischen Glaubensgenossen die Zügel

schießen zu lassen, allen frühern Misbräuchen Thür
und Thor zu öffnen. Den Reform-Türken stand von
Anfang an die Partei der Alt-Türken gegenüber, neben
welcher mit den Jahren die der Jung-Türken heran-
wuchs, mit jener in der Hauptsache ihres Programmes
eines Sinnes, nur in der Färbung tiefer, gesättigter, die
verbissensten und wüthigsten Verfechter der eingewurzelten
muslimischen Sitten und Unsitten. Diese zahlreiche
und mächtige Classe erkannte in den muhamedanisirten
Bosniern und Hercegovcen, ungeachtet alles Trotzes und
Widerstandes den sie herrischen Stammfürsten derselben
dem Pforten-Regimente so oft entgegengesetzt hatten,
gleichwohl ihre Stütze und Schutzwehr gegen die christ-
lich-slavische Race, deren Erstarkung, wie der Jung-
Türke ganz richtig herausfühlte, mit dem Schwinden
seiner eigenen Herrschaft eins und dasselbe war. Als
sprechende Beweise dieser Thatsache galten ihnen mit vollem
Recht die Crnagora und das Fürstenthum Serbien, wo
sich durch alle Zeiten das christliche Element als das,
wenn nicht ausschließliche, doch weitaus überwiegende
und tonangebende erhalten hatte, und von denen das
eine nie ganz unter türkische Botmäßigkeit hatte gebracht
werden können, während es dem andern, nach lang-
wierigen und erbitterten Kämpfen, gelungen war sich
der Herrschaft des Halbmondes zu entziehen.

Es ging darum in den letzten Decennien das Streben der Pforten-Politiker mit vollem Bewußtsein darauf aus, den territorialen Zusammenhang der ihrer Herrschaft angehörigen Slavenstämme zu unterbrechen, zwischen sie, sei es dem Glauben sei es der Nationalität nach, fremdartige Elemente einzuschieben, auf deren Mithilfe man am goldenen Horn im Falle des Bedarfs zählen könne.

Das erste Beispiel dieser Art reicht bis in die Zeit der Eugen'schen Kriege zurück und vollzog sich in Rascien, und zwar nicht als Machwerk der Politik, sondern als natürliches Ergebnis der Völkerbewegung. Als nämlich durch wiederholte Massenauswanderung orthodoxer Serben nach Oesterreich die Gebiete des alten südslavischen Patriarchensitzes, des berühmten Kosovo Polje, die von Mitrovica und Prokoplje fast entvölkert waren, rückten albanesische Stämme in dasselbe ein, ein Proceß der sich noch heute fort und fort vollzieht und so das stipetarische Element keilförmig in das einerseits bulgarisch-, andererseits serbisch-slavische hineintreibt. Wo sich in einer Ortschaft ein Skipetare ansiedelt, zieht er bald Stammesgenossen nach sich, aus den zwei Familien werden bald vier, und so immer mehr, bis nach und nach die letzten der ursprünglichen Bewohner den Ort räumen. Die türkische Regierung war, wie gesagt, hier nicht Veranlasserin dieser ethnographischen Wandlung; doch sah sie dieselbe gern und half mittelbar mit.

Die mit Bewußtsein und Absicht von ihr eingeleiteten Völkerverschiebungen sind neueren Datums und lassen sich vorzüglich auf drei Zeitpunkte zurückführen:

1) die Ansieblung krimischer Tataren unter Nusrehd Bey im Jahre 1861, vorzüglich zwischen Niš und Ak-Palanka, aber auch in andern Gegenden der Balkan-Halbinsel —

2) die Verpflanzung der im Jahre 1863, kraft des zwischen der Pforte und dem Fürstenthum Serbien getroffenen Uebereinkommens, aus letzterem ausgewanderten türkischen oder slavisch-muhamedanischen Familien, mehr als zwanzigtausend Köpfe, längs der Drina Save und Una, namentlich in Grahovo nächst Dubica, in Drašje bei Županje, Brezovopolje, Kozluk, dann die beiden größten Ansieblungen Türkisch-Kostajnica und Türkisch-Šamac. Als letztern Ort Roskiewicz zum erstenmal besuchte lagerten die Einwanderer noch unter Zelten, die Gassen des künftigen Marktfleckens wurden ausgesteckt, das Baumaterial von allen Seiten herbeigeführt; auch eine Moschee wurde auf Regierungskosten erbaut —

3) die Versetzung von zweiundvierzigtausend Cer=
kessen 1864 auf alt=serbischen Boden von Mramor an
der Nišava bis gegen Novipazar und Priština. Es war
das ein grausames Stück, weil die wilden Söhne des
Kaukasus das Klima der Balkan=Gegenden nicht ver=
trugen und wie die Fliegen hinstarben. Als Felix
Kanitz, nicht lang nach der stattgefundenen Ueber=
siedelung, die Cerkessen=Kolonie nächst Niš besuchte,
fand er einen Stand von etwa fünfzig Häusern: „eben
so viele Gräber mindestens zeigte der nahe Friedhof
schon wenige Wochen nach der erfolgten Einwanderung."
Auch andere Reisende haben von den schnellen und
furchtbaren Lücken berichtet, welche das fremde Klima,
Fieberseuchen, auch wohl Noth und Elend in die Reihen
der frei gewesenen Söhne des Elbrus rissen, so daß die
Ueberlebenden sich empörten und in ihre Berge zu=
rückgeführt werden wollten; die Bajonnete türkischer
Bataillone dämpften den Aufstand und zwangen die
Heimverlangenden auf dem für sie unheilvollen Boden
zu verbleiben. In der That müssen sie sich seit=
her an den Wechsel ihres Aufenthaltes gewöhnt
und auch nicht unbedeutend vermehrt haben, da
bei den wechselvollen Geschicken, die in den letzten
Jahren über die Balkan=Länder hingingen, bald in
dieser bald in jener Weise, immer aber feindselig

gegen die ältern Bewohner derselben, Cerkessen auf=
tauchten.

Uebrigens vergingen die ersten zehn Jahre nach
Einführung dieser neuen Gäste auf das rascische Ge=
biet ohne größere innere Erschütterung. Erst mit dem
Jahre 1875 begann jener immer weiter um sich grei=
fende Brand, der aller Wahrscheinlichkeit nach als letztes
Ende das herbeiführen wird, was theils die Kurzsichtig=
keit theils das mangelnde Einverständniß der europäi=
schen Cabinete so lange Zeit, und zur unbeschreiblichen
Qual von Millionen nach Erlösung seufzender Men=
schen hinauszuschieben verstanden hat.

Den Anstoß zum Losbruch, der in der Hercego=
vina erfolgte, gaben neue unerhörte Bedrückungen der
Rajah. Im Januar 1875 wollten die türkischen Steuer=
pächter im Bezirk von Nevesinje die Ernte von 1874
einheben. Das Jahr 1874 war ein Mißjahr gewesen;
der Bauer hatte sein Getreide verkauft um leben zu
können, er war nicht im Stande den wie gewöhnlich
überspannten Forderungen der Steuerpächter zu ge=
nügen. Nun wurde den Leuten weggenommen was sie
hatten; bei denen sich nichts fand, die wurden geprü=
gelt und eingesperrt. Den Knezen, die sich beim Kai=
makam beschweren wollten, kamen die ärgsten Drohungen
zu so daß sie in der Crnagora Sicherheit suchten; die

Mehrzahl der Rajah flüchtete mit ihrem Vieh in die Berge oder brachte ihre Habe mit den Weibern und Kindern über die montenegrinische Gränze.

Im Monat März sollte bei Dražibol eine Brücke über die Trebinjščica hergestellt werden. Die Rajah in den Bezirken von Bileć und Trebinje erhielt Befehl, viertausendsiebenhundert Balken herbeizuschaffen, die sie oft aus weiter Ferne, selbstverständlich ohne Entlohnung, an Ort und Stelle zu bringen hatte. Dort wurde die Ladung von dem Commandanten der Zaptijeh übernommen, der den geringsten Anlaß ergriff, einzelne Stämme zu beanständen und jene, die sich dagegen Einsprache erlaubten, prügeln zu lassen. Jetzt beschlossen die Stammeshäupter jede Arbeit für die Regierung zu verweigern, jede Aufforderung der türkischen Behörden vor Gericht zu erscheinen, unbeachtet zu lassen. Im Bezirk von Bileć beschlossen die Bauern den Zaptijeh den Eintritt in ihre Ortschaften zu verwehren; wo eine Abtheilung der letzteren erschien, fand sie die männlichen Einwohner in Waffen.

In dieser Zeit fand die Dalmatiner Reise unsers Kaisers statt, welche die Rajah der Hercegovina mit frohen Hoffnungen erfüllte. An die Gränze wallfahrteten die Leute, fielen auf die Knie und blickten hinüber in das jenseitige glückliche Land. „Das ist ein

Herr", sagten sie, „das ist ein Car, der selbst nachsieht, wie es in seinen Provinzen aussieht und zugeht! Was kümmert sich um uns der Sultan, trotz aller Weherufe Klagen Bitten, die wir an ihn gerichtet!" Die auf= ständischen Hercegovcen und Bosnier haben damals die kaiserlichen Farben ausgesteckt, der Name Franjo Josip war ihnen das Losungswort zum Kampf, den sie für ihre Menschenrechte, ihre Freiheit aufnahmen. Wenn wir damals einrückten, so hatten wir einen mächtigen Bundesgenossen im Lande der sich mit Freude, mit Begeisterung uns anschloß und zum raschen Siege ver= half. Und ganz Europa würde Beifall gezollt, würde uns die territoriale Abrundung unseres abriatischen Küstengebietes gegönnt haben, uns, die es, mit ver= schränkten Armen zuschauend, um zwei schöne Pro= vinzen ärmer werden ließ! Aber 1875 und die folgenden Jahre waren wir es, die mit verschränkten Armen zusahen, wie sich die aufständische Rajah mit ihren unbarmherzigen Drängern herumschlug, wie sie unter heldenmüthigen Führern Wunder der Aufopferung und Tapferkeit verrichtete, wie sie aber zuletzt dennoch unter= liegen mußte.

Die türkischen Behörden sahen wieder einmal ein daß etwas geschehen müsse, und es erging die Einladung an die Bewohner von Nevesinje vor einer Commission ihre Beschwerden vorzubringen. Es erschien Peko Pavlović mit einer Anzahl Knezen, bei sechshundert Bewaffnete standen zu ihrem Schutz in der Nähe. Die Forder= ungen lauteten:

1) daß die Frauen und Mädchen der Christen von den Muhamedanern nicht ferner belästigt werden —

2) daß die Christen ihre Religion frei ausüben dürfen, daß ihre Kirchen nicht beschimpft und gefährdet werden —

3) daß sie vor Gericht gleiches Recht mit den Mus= lims genießen —

4) daß ihnen Schutz vor den Gewaltthaten und Uebergriffen der Zaptijeh gewährt werde —

5) daß die kaiserlichen Zehentpächter nur den gesetz= mäßigen Theil und zur rechten Zeit einheben.

Die türkischen Abgeordneten schienen geneigt auf diese Zugeständnisse — die ja nur die Erfüllung dessen enthielten, was der Rajah seit Decennien wiederholt und durch feierlich verbriefte Zusagen versprochen wor= den! — einzugehen. Aber die einheimischen Muhame= daner, die vom Glauben der Väter abgefallenen Stam= mesbrüder der klageführenden Rajah, waren es, die laute Einsprache erhoben, weil sie in den verlangten Zuge=

ständnissen Eingriffe in ihre Willkürherrschaft erblickten.
Noch einmal kam der Vali von Bosnien Derwiš Paša
in Person nach Nevesinjsko-Polje und hielt mit den
Häuptern der Rajah eine Besprechung unter freiem
Himmel. Jetzt bestanden die Hercegovcen nicht blos
auf den frühern Punkten, sondern fügten einen sechsten
und siebenten hinzu.

So zerschlug sich denn alles und es kam zum Kampfe,
dessen Einzelnheiten zu schildern nicht weiter meine
Sache ist. Auch von der Erbitterung und Wildheit,
von den Grausamkeiten und Unmenschlichkeiten, deren
sich in diesem innern Krieg ein Theil wie der andere
schuldig machten, soll nicht die Rede sein. Aber die
himmelschreienden Unbilden, die von den türkischen Behörden und bosnischen Muslims fern vom Kriegsschauplatze an friedlichen Mitbürgern, blos weil diese Christen
waren, begangen worden, dürfen nicht unerwähnt bleiben. In einem Schreiben vom 3. September aus
Kostajnica an der Una, hart an der bosnischen Gränze,
hieß es u. a.: „Die ersten Handelsleute in Banjaluka,
Travnik ꝛc. sind in den Kerker geworfen worden. Der
Kreishauptmann von Bihać ließ sie, die bis jetzt ruhig
in ihren Läden saßen, an eine eiserne Kette schmieden
und wie Hunde, unter einem Hagel von Schlägen den
die Zaptijeh auf sie fallen ließen, über Prjedor nach

Bihać schleppen, Sie heißen: Simo Martinović, Pavo Bukić, Rade Janeš ꝛc." Einige Tage später erfuhr man in Kostajnica, „daß sieben von den mishandelten Kaufleuten vielleicht noch leben, weil man nichts von ihnen hört; Pavo Bukić aber, von dem man nicht vierhundert, sondern achtzehntausend Dukaten erpreßt, wurde öffentlich hingerichtet." Wie man in Bihać glaubte waren die andern Gefangenen gleichfalls er= mordet worden; nur habe man das nicht öffentlich ge= than weil die Aufregung einen bedenklichen Grad erreicht hatte; wahrscheinlich habe „die Nacht sie verzehrt!" ...

Das war ein Fall, vielleicht der grellste während des jüngsten Aufstandes, aber durchaus nicht der einzige. In einer Denkschrift, welche die hercegoviner Auf= ständischen zu Metković am 12. September der öster= reichisch=deutsch=italienischen Consular=Commission über= reichten, wurden in einer langen Reihe von zwanzig Punkten Zustände geschildert und Vorfälle erzählt, welche die Erinnerung an die Heloten unter den Griechen, an die Parias in Indien, an die ägyptischen Fellahs wach= rufen. Das Memorandum schloß mit den merkwürdigen Sätzen: „Hochverehrte Herren! Unter der türkischen Peitsche wollen und können wir nicht leben. Wir sind Menschen und kein Vieh. Wenn Sie uns nicht helfen wollen, zwingen können Sie uns nicht in die Knecht=

schaft zurückzukehren. Den Versprechungen der Türken glauben wir nicht, und hinsichtlich der Bürgschaften die Sie uns bieten überzeugten wir uns, daß sie bei den Türken keinen Pfifferling Werth besitzen. Wir wollen die Freiheit, die wahre vollkommene Freiheit. Lebend werden wir in der Türken Hände nicht gerathen!"

Die Erhebung im benachbarten Fürstenthum, die Kriegserklärung Milan's an die Pforte, Juni 1876, gab dem Aufstande der Rajah in der Bosna und Herce-govina eine neue Richtung. In einer von den Häuptern der Insurgenten abgehaltenen Versammlung wurde eine Art Manifest abgefaßt, dessen Spitze in den Beschluß auslief: „Von heute an geben wir alle und jede Ver-bindung mit der unmenschlichen Regierung in Stambul auf und theilen das Schicksal unserer Brüder in Ser-bien; unser Vaterland, unsere Bosna schließt sich mit heutigem Tage an das Fürstenthum Serbien als den gesetzlichen und wahren Staat unserer alten Care und Könige an und erklären als unsern erblichen Gospodar den Fürsten von Serbien Milan Obrenović IV."..

Alles weitere ist in frischem Angedenken: wie der kriegerische Aufschwung Serbiens, dem es sogar an der pomphaften Verkündigung des Königthums nicht fehlte, einen kläglichen Ausgang hatte; wie sich darauf die Türken mit ihrer vollen Macht über die aufständische

Rajah Bosniens und der Hercegovina warfen; wie die
Führer nach allen Richtungen auseinanderstoben oder
unnahbare Verstecke aufsuchten; wie hunderte christlicher
Familien schutzflehend auf österreichisches Gebiet über=
traten, ihre Wohnungen niedergebrannt, ihres Acker=
werkzeugs, ihres Nutzviehs beraubt; wie die türkische
Provinzial = Regierung, trotz der einbringlichsten Vor=
stellungen Oesterreichs, weder die Macht noch das Geld
hatte ihnen eine ungefährdete Rückkehr zu sichern und
die Mittel zur Neugründung ihres verwüsteten Haus=
wesens zu verschaffen . . .

Wahrlich nicht über die zuletzt unumgänglich ge=
wordene Intervention der europäischen Großmächte hat
man sich zu verwundern, sondern vielmehr darüber,
daß dies so spät, daß es erst jetzt geschehen. In der
That, wenn in unserem gesitteten und gebildeten Welt=
theil Vereine und Gesellschaften entstehen, mit reichen
Mitteln ausgestattet, durch Beisteuer von Regierungen
und Privaten unterstützt werden, um dem Menschen=
unfug, dem Menschen=Raub und Verkauf, der Menschen=
schinderei in fernen Landstrichen ein Ziel zu setzen, so
darf man billig fragen, ja muß entrüstet staunen, wie
denn von diesem selben Europa so gar nichts geschehen
konnte, um auf unserem eigenen Continent, unmittelbar
an den Gränzen zweier europäischer Großmächte Greueln

Einhalt zu thun, von deren Schilderung Jahrzehente und Jahrzehente hindurch die Wehrufe gepeinigter Mitmenschen, Mittheilungen vertrauenswürdiger Reisenden, die Berichte amtlich beglaubigter Functionaire überflößen . . .

VIII

Soll und Haben.

o wäre es also ein Werk der Menschlichkeit, eine Aufgabe der Entwilderung und Gesittung, die Oesterreich im Namen und Auftrage des gebildeten Europa bei Besetzung der einem Systeme tyrannischer Willkür preisgegebenen Landstriche übernommen hätte?

Ohne Frage: Auch! Durchaus nicht: Einzig und allein!

Denn wann hätte je eine Regierung, ein Staat für derartige ihm territorial fremde Zwecke seine Cassen geleert, das Blut seiner Bürger verspritzt?! Der Einzelnmensch, der Staatsmann oder Regent für seine

Person, mag sich solchen Regungen hingeben, mag als Howard oder Wilberforce für Unglückliche in andern Weltgegenden seinen Eifer, sein Leben und Vermögen ein= setzen: der Staatsmann, der Regent als solcher, als ver= antwortlicher Leiter und Lenker eines großen politischen Gemeinwesens darf es nicht, es wäre denn, daß damit zugleich Interessen dieses politischen Gemeinwesens ge= wahrt, gegen drohende Gefahren gesichert, oder daß solche dabei gehegt und gefördert werden sollen. War es in der Geschichte je anders? Haben die alten Römer ihre Waffen in ferne Länder je darum getragen, um deren unglückliche Bewohner aus den Banden roher Un= wissenheit und Barbarei zu reißen? Hat Karl der Große, den die Kirche unter ihre Heiligen reiht, zwei= undbreißig Feldzüge gegen die sächsischen Stockheiden unternommen, blos um ihnen das Licht und die Seg= nungen des Evangeliums zu bringen? Ist etwa der „edle Brite". jemals für eine Idee in den Kampf ge= gangen, wenn ihm nicht nebenbei Festigung und Er= weiterung seines politischen Einflusses, Märkte für seine industrielle Ueber=Production, reiche Kohlenlager oder Erzgruben winkten?

Gibt es nun bei der Sache der Humanität und Civili= sation, deren Durchkämpfung wir in der Bosna und Hercego= vina übernommen haben, auch ein derartiges „nebenbei"?

Wir haben Koryphäen unserer Haute Finance rechnen hören: „Die Besetzung von Bosnien und Hercegovina kostet mich mindestens so und so viel Millionen; der Nutzen, den mir diese Länder abwerfen werden, beträgt höchstens so und so viel Millionen; bleibt mir ein Minus von diesem und diesem Betrage: ergo..!" Allen Respect vor der Ziffer! Ich bin der letzte, der in praktischen Dingen — und hier handelt es sich ja um etwas eminent praktisches! — ihre sieg= hafte Beweiskraft unterschätzt. Aber es scheint mir in obiger Rechnung ein Fehler unterlaufen zu sein. Was uns die Besetzung des Bosna= und Narenta=Gebietes gekostet haben wird, das werden wir, nachdem sie zur vollendeten unbestrittenen Thatsache geworden, auf Heller und Pfennig ausgerechnet bekommen: dazu haben wir unsere Finanz=, unsere Rechnungs=Controls=Behörden, unsere haushälterischen Delegationen. Sehr zu be= zweifeln aber möchte es sein, ob irgend ein Mensch gegenwärtig schon den zweiten Factor ziffermäßig heraus= zubringen im Stande ist: den Gewinn und die Vor= theile, die unserem politischen Gemeinwesen aus der Reoccupation jener Landstriche zugehen werden...

Ein anderer Einwurf lautet: „Haben wir nicht schon genug Slaven in unserer Mitte, sollen wir un= gezählte neue dazu bekommen?!".. Nun, schön ist

es gerade nicht so zu sprechen; denn gewissermaßen sind
ja unsere Slaven, sowie jene die uns noch kommen
sollen, doch auch zu Leben und Dasein berufen! Ich
will nicht, was insbesondere Ungarn betrifft, von
der Schmach reden, womit der heutige Magyar eine
jahrhundertlange Vergangenheit besudelt, indem er, von
einer ebenso häßlichen als ohnmächtigen linguistischen
Parteileidenschaft befangen, Gebiete von sich stoßen will,
auf deren Wiedergewinn seine stolzen Ahnen, freieren
Blickes und wohlwollenderen Sinnes, unter keinen Um=
ständen hatten Verzicht leisten wollen! Nein, lassen wir
den Ehrenpunkt beiseite, stellen wir uns vielmehr auf
den Standpunkt jener engherzigen Slavophobie, die erst
jüngsthin aus Anlaß des Pester Meetings bezeichnenden
Ausdruck gefunden, als Minister Tisza, um den gräß=
lichen Verdacht von sich abzuwälzen als ob er es mit
den Slaven irgend gut meine, die Herren Demonstranten
mit aufgehobenen Händen bat, sie möchten doch die
St. Petersburger, die serbisch=omladinistischen und andere
„panslavistische“ Blätter lesen, um inne zu werden, daß
bei ihm von Slavenfreundlichkeit auch keine Spur zu
finden sei ... Aber diesen selben turkophilen Herren,
sowie ihren Meinungsgenossen diesseits der Leitha, seien
folgende Erwägungen an's Herz gelegt: Kann jemand
im Ernst meinen, daß sich die türkische Wirthschaft, wie

sie sich in den letzten Stadien zum wahren Zerrbilde
entwickelt hat, auf die Länge halten werde, halten lasse?
Oder ist jemand des naiven Glaubens, daß sich jene
fast unglaublichen Zustände, nach so vielen Anläufen
die seit mehr als einem halben Jahrhundert genommen,
so vielen Versuchen die von Stambul aus gemacht
worden, von innen heraus reinigen und kräftigen
lassen? Und wenn diese beiden Fragen mit entschie=
denem nein zu beantworten sind: wird etwa das In=
teresse unserer National=Deutschen und Magyaren besser
gewahrt, wenn, anstatt daß wir jene slavischen Gebiete
in unsere Macht=Sphäre ziehen, an den Gränzen der
letztern ein großes selbstständiges slavisches Reich sich
bildet, eine Wiederherstellung des einstigen Carenthums
von „Serbien Bosnien und Primorje“?!

Alle Welt fürchtet den russischen Koloß, der seit
einem Jahrhundert seine Arme immer weiter nach
Westen und nach Süden ausstreckt: und doch sollte von
unserer Seite das unerhörte geschehen, ihn seinen Zielen
abermals um ein Stück näher zu bringen? Vor Be=
ginn des siebenjährigen Krieges hat die staatskluge
Kaiserin Maria Theresia ihrer „allerliebsten Frau
Schwöster“ Katharina II. ein vertrauliches Schreiben zu=
kommen lassen, unter welchem sie sich zeichnete als der
Carin „allergethreyeste Freindin, aber mit meinem Willen

niemals Nachbarin". Nun, die unmittelbare Gränz=
nachbarschaft Rußlands haben wir bereits, im Norden
und Osten unserer Monarchie auf eine lange uns im
Viertelkreise umfangende Strecke: sollen wir diese
Gränznachbarschaft, durch Preisgebung unserer vitalsten
Interessen in unserem Süden, zu einem Halbkreise an=
wachsen lassen? Oder kann jemand einen Augenblick
im Zweifel sein, wem der entscheidende, der gebietende
Einfluß in den nordwestlichen Slavengebieten der Balkan=
Halbinsel zufallen werde, wenn wir den letzten Zeit=
punkt versäumen, uns denselben für alle Zukunft zu
sichern?!

Man sollte meinen, einsichtsvolle magyarische Po=
litiker müßten die ersten sein, diesem Bedenken ihre
volle Aufmerksamkeit zu schenken. Schon sehen sie das
unabhängig gewordene, mehr und mehr innerlich er=
starkende serbische Fürstenthum auf ihre einheimischen
Serben, das rumänische Fürstenthum, dessen Militär=
macht sich in dem letzten Kriege als eine durchaus nicht
zu unterschätzende erwiesen, auf die zahlreichen Anhänger
des Dakenthums, der dakoromanischen Idee, innerhalb
der ungarischen Gränzen gefährliche Anziehungskraft
üben. Hoffen sie diesen geheimen Planen und Ge=
lüften durch verstärkten Druck auf ihre „Rácjen" und
„Walachen" in panmagyarischer Richtung vorbauen zu

können? Sie kräftigen sie nur, weil sie dadurch die Unzufriedenheit, den Widerwillen, den Abscheu vor der einheimischen Tyrannei vermehren!

Doch nicht mit diesen Dingen haben wir es hier zu thun. Seine Zustände im Innern mag Ungarn selbst ordnen und wird diese lohnende Aufgabe, geben wir die Hoffnung nicht auf, durch Herstellung des nationalen Friedens unter seinen verschiedensprachigen Bewohnern mit der Zeit zu einem gedeihlichen Abschluß bringen, ohne daß es unserer Dazwischenkunft bedarf. Die bosnische Frage aber ist eine solche, die jetzt schon nicht Ungarn allein, die unsern österreichischen Gesammt= staat berührt. Die bosnische Frage ist ein und dasselbe mit der dalmatinischen Frage. Denn leider bildet unser wohlerworbenes, für unsere Schifffahrt, unsern Handel, unsern politischen Einfluß in der Adria, im mittel= ländischen Meere, in der Levante so überaus wichtiges Dalmatien in einer gewissen Hinsicht eine — Frage. Andrew Archibald Paton, vor Jahren britischer Consul in Ragusa, hat Dalmatien ohne sein bosno=hercego= vinisches Hinterland einen vom Leibe getrennten Kopf genannt, oder um ein dem südslavischen Musikleben ent= lehntes Gleichnis zu gebrauchen: „ein Mundstück, zu welchem der Dudelsack fehlt". Warum diese durch die natürlichen Verhältnisse von Land und Leuten gebotene

Verschmelzung bisher nicht vollzogen worden, hatte einen einleuchtenden Grund. Nicht die Herrschaft des Halbmondes — diese konnte, wie es in Serbien und in der Crnagora geschehen, längst gebrochen sein! — sondern confessionelle Scheidung der dalmatinisch=christ= lichen Bevölkerung von der zu einem großen Theile, und gerade in dessen einflußreichsten und mächtigsten Elementen, muhamedanisirten bosnischen, bildete die Scheidewand. Von welcher Macht und Bedeutung dieser Factor sei, sehen wir unter anderm an dem zähen Widerstande, auf welchen einerseits das Fürstenthum Serbien andrerseits Montenegro in den ihnen durch den Berliner Vertrag zugesprochenen Erweiterungs= gebieten stoßen: es ist der national=türkische oder muha= medanisirte Theil der Bevölkerung von Rascien und Nord=Albanien, der seine letzte Kraft aufbietet, sich Re= gierungen zu unterwerfen, denen nicht der Halbmond sondern das Kreuz vorschwebt. Keine Frage, daß dieser Widerstand wird gebrochen werden, nicht blos in Alt= Serbien und in den montenegrischen Gränzgebieten, sondern auch in der Bosna und Hercegovina. Wenn in diesen beiden letztern Ländern wir es nicht thäten, wären andere da, die sich nicht lang würden bitten lassen.

Man mag über den praktischen Nutzen des Stu= diums der Geschichte noch so viel streiten, das wird jebermann zugeben, daß man aus ihr lernen kann, wohin in gegebenen Landstrichen die Sympathien, ober wenn nicht biese, die natürlichen Interessen sich neigen. Keiner der Aufstände in der Hercegovina hat ohne crnagorische Hilfe und Betheiligung stattgefunden, und wenn die bosnische Rajah vom Fürstenthum Serbien nicht im= mer thätigen Beistand erhielt — gesucht und erwartet hatte sie benjelben jederzeit, wie auch ihre Stammes= brüber jenseits der Drina es mindestens an Wor= ten Aufrufen und Theilnahmsbezeigungen nie haben fehlen lassen. Die bosnische Anschluß=Erklärung vom Juni 1876 war der letzte und zugleich eclatanteste Durch= bruch bieser vorzugsweise von rascischer Seite genährten groß=serbischen Idee, die freilich bei der bosnischen Rajah nur bann Anklang fand, wenn sie sich von Oesterreich verlassen und gewissermaßen preisgegeben sah, wie bies eben im Jahre 1876 der Fall gewesen. Daß hierbei der ost=abriatische Küsten= strich mit in die Rechnung gezogen war, ist selbstver= ständlich, in welcher Hinsicht besonders Montenegro seine Ansprüche bereits früher zu erkennen gegeben hat; wir erinnern an die Versuche des Blabika Peter Petrović II. während der napoleonischen Herrschaft, die Stadt und die Bocche von Cattaro in seinen Besitz zu bekommen!

Damals hatte die Crnagora in bieser Richtung

den russischen Car zu ihrem Mithelfer und Beistand:
heute würde ihr von anderer Seite Unterstützung kom=
men. Die italienische Propaganda, nicht gesättigt durch
den immensen territorialen Gewinn den ihr wiederholt
erlittene schwere Niederlagen zu Land und zu Wasser
eingetragen haben, wäre gegen dem, daß ihr das obere
Dalmatien überlassen würde, jederzeit bereit, den süd=
lichen Theil mit Cattaro und Ragusa, allenfalls noch
Spalato, an Montenegro zu überlassen, mit dessen Für=
sten und Volk sie seit längerer Zeit in auffallender Weise
liebäugelt. „Ehre den erhabenen Gladiatoren der
schwarzen Berge!" hieß es in einem Artikel der Floren=
tiner „Nazione". „Gebildetes Europa beuge deine
Stirn vor ihnen, begrüße in diesen Bettlern die wahren
Helden der Civilisation und des Fortschritts!" Ein
Correspondent desselben Blattes schilderte im Juni 1876
den begeisterten Empfang den die Fürstin Milena in
der Villa Bianca bei Cattaro gefunden mit dem Bei=
satz: „denn die guten Bocchesen betrachten sie wie ihre
Monarchin!" Nun ist diese letztere Behauptung aller=
dings nicht richtig. Daß aber umgekehrt der Fürstin er=
lauchter Gemahl sehr gern die Bocchesen als seine
Unterthanen betrachten würde, das leidet keinen Zweifel,
und gewiß ist es nicht ohne schwerwiegende Bedeutung
wenn dieser Gedanke sogar von jenem Theile der

italienischen Publicistik genährt und gehätschelt wird
der vergleichsweise als gemäßigt gelten kann.

Ob es Italien gelingen würde, sich in Istrien
und dem nördlichen Striche von Dalmatien auf die
Länge zu behaupten, ist stark zu bezweifeln; da mit
Ausnahme eines Bruchtheils in den Seestädten die
ganze Bevölkerung der slavischen Race angehört, der
überdies aus dem stammverwandten Hinterlande ein
fortwährender Nachschub zu Gebote ständе. Das aber
leidet keinen Zweifel, daß für uns, wenn wir uns
nicht des letztern versichern, auch das erstere ver=
loren geht, was mit einer unabsehbaren Schädigung un=
serer Interessen auf dem adriatischen Meere ein und
dasselbe wäre. Aber auch der Behelligung der Italia
irredenta werden wir uns nur dann vollständig er=
wehren, wenn wir den langgedehnten dalmatinischen
Küstenstrich im Rücken gedeckt haben, was sich nur
durch den Besitz der Bosna und Hercegovina er=
reichen läßt.

Mit dem Patriotismus und der Politik unserer
Ringstraßen=Matadore ist es mitunter etwas sonderbar
bestellt. Vor vielen Jahren hat mir einer dieser Herren,
im übrigen ein Mann von großer Einsicht und Ge=
schäftserfahrung, vordemonstrirt, daß Oesterreich eigent=
lich eine Kriegsflotte nicht brauche und jeder Heller,

ber barauf verwenbet werbe, hinausgeworfenes Gelb sei.
Ich habe seine Beweisführung ruhig über mich ergehen
lassen, ba ich, mich an ben Göthe'schen Ausspruch hal=
tenb, mit niemar ju streiten pflege, mit bem ich
nicht in ber Hauptauffassung auf bemselben Boben stehe.
Auch bürfte meinen Wiberpart seither ber Tag von
Lissa eines bessern belehrt haben; nicht barum weil
biese glorreiche maritime That uns bas Staunen unb
bie Bewunderung aller seefahrenben Nationen bes Erb=
balls eingetragen, sonbern weil sie, unseren maritimen
Nöthen unb Bebrängnissen in ben Jahren 1848/49
gegenüber, ben augenscheinlichen Beweis geliefert hat,
wozu wir benn boch eine Seemacht haben... Von
einem anbern jener Herren, gleichfalls einer höchst acht=
baren in ihrem Fache gewiegten Persönlichkeit, rührt
jene früher angeführte eigenthümliche Berechnung her,
wie viel es uns koste, unb wie wenig es uns eintrage,
wenn wir ben Besitz Bosniens unb ber Hercegovina
erlangen. Welch' unberechenbarem Verlust wir in Dal=
matien unb unserem slavischen Küstenlanbe entgegen=
gehen, wenn wir ben Besitz bes Bosna= unb Narenta=
gebietes nicht erlangen, scheint von ihm freilich, nebst
noch anberem, unberücksichtigt geblieben zu sein! Die
ganze Denk= unb Ueberlegungsweise unserer plutokrati=
schen Bourgoisie bewegt sich ausschließlich in einer ge=

wiſſen Richtung, deren Maßſtab ſie unwillkürlich an
alles legt, mag es ihnen von was immer für einer
Seite gebracht werden; gleich jenem an Kräften hinfäl=
ligen ſteinreichen Mitte=Achtziger, der ſeinem ihn tröſten
wollenden Arzte, „er könne recht gut fünf bis ſechs
Jährchen ſich des Lebens freuen", mit dem Ausrufe in
die Rede fiel: „Warum ſoll mich unſer Herrgott neh=
men mit 90, oder gar 91, wenn er mich kann haben
mit 85 ?!"

Ueberhaupt — ich mache dieſe Bemerkung nicht
ſeit geſtern — dürfte kaum ein Land der Welt eine
Metropole beſitzen, deren Großbürgerthum den höhern
Potenzen des Staatslebens ſo wenig Verſtändnis ent=
gegenbringt, als im Durchſchnitt das unſere. Ueberall
ſonſt würde man es natürlich finden, daß ein Groß=
ſtaat, der durch ungünſtige politiſche Conſtellationen um
zwei ſchöne und reiche Provinzen ärmer geworden iſt,
ſich nach einer andern Seite mindeſtens theilweiſen
Erſatz holt. Fremde finden das natürlich und in der
Billigkeit gelegen, nur unſer großſtädtiſches Publicum
wehrt ſich dawider. Als Ceſare Balbo in ſeinen
„Speranze d'Italia" auf die Lombardei und das Vene=
tianiſche hinwies die mit den übrigen Ländern der
apenniniſchen Halbinſel wieder vereinigt werden müßten,
fügte er bei, „es verſtehe ſich von ſelbſt, daß man

Oesterreich nicht zumuthen werde, etwas von seinem
Besitze abzulassen ohne einer Entschädigung dafür ver=
sichert zu sein." Balbo hatte dabei die europäische
Türkei im Auge, deren unaufhaltsamen Zerfall er mit
dem sichern Blicke des Staatsmannes voraussah, wobei
er Oesterreich und Rußland als jene Großmächte be=
zeichnete, die sich in den Haupttheil der türkischen Hinter=
lassenschaft theilen müßten: „Alles was nicht auf die eine
oder andere Art russisch wird, wird in dieser oder jener
Weise österreichisch werden; alles was auf der Balkan=
Halbinsel nicht österreichisch wird, wird mit der Zeit
russisch werden." Es ist bekannt, daß selbst Napoleon III.,
kein Busenfreund Oesterreichs, nach dem Verluste der
Lombardei, welchem bald jener von Venetien folgte,
nach derselben Richtung hinwies, und daß alle europäi=
schen Cabinete unserer Großmacht diesen Erwerb ge=
gönnt haben würden. Erzählt wird auch, daß vor dem
letzten orientalischen Krieg und noch während desselben,
Rußland wiederholt dem Kaiserstaat den Landstrich von
der Save bis Saloniki angeboten habe. Warum wurde
von unserer Seite nicht zugegriffen? Wir würden
ihn damals, wo die aufständische Rajah noch eine
ungebrochene Macht war die den Türken zu schaffen
machte und die sich mit opferwilliger Begeisterung als
Bundesgenosse uns angeschlossen haben würde, ohne so

großen Aufwand von Geld und Blut erlangt haben, als dies leider jetzt geschehen muß.

Um noch einmal auf das Capitel von Auslagen und Ertrag zurückzukommen! Die Ziffer ist viel, sie ist aber lang nicht alles. Wie man in der Physik von Imponderabilien spricht, weil sie sich weder abwägen noch in einen genau abgegränzten Raum einschließen lassen, so gibt es im Staatsleben Potenzen die sich einer statistischen Berechnung in Zahlen entziehen, aber gleichwohl selbst auf die materiellsten Dinge, Aufschwung von Gewerbe und Industrie, Hebung von Handel und Verkehr, Belebung des Geldmarktes einen fühlbaren Einfluß üben. Dahin gehört alles, was man die Machtsphäre des Staates zu nennen pflegt, jenes politische Fluidum, das, gleich Licht und Wärme, Elektricität und Magnetismus in der körperlichen Welt, unfaßbar und unwägbar das gesammte Staatsleben und alle einzelnen Ausflüsse desselben durchdringt, das allen staatlichen Aeußerungen und Strebnissen ihren Charakter, ihre Wirkungskraft verleiht, dem man sich fügt und beugt ohne sich klare Rechenschaft darüber geben zu können, von woher und mit welchem Kraft=Quantum der Stoß gekommen.

Von diesem Standpunkte ist der Besitz des kroatisch=dalmatinischen Hinterlandes eine politische Nothwendigkeit für Oesterreich. Nicht blos daß der buchten= und hafen=

reiche Küstenstrich von Dalmatien ohne den Besitz seines
Hinterlandes für uns nichts als eine zitternde Freude
ist; auch Kroatien und Slavonien, obwohl zum größern
Theile durch die nasse Gränze der Save geschützt, erhalten mit diesem Besitz ihren natürlichen territorialen
Abschluß, wie ja schon die Benennung des nordwestlichen Bosnien als „Türkisch-Kroatien" auf die ge-
schichtliche und ethnographische Zugehörigkeit dieses Land-
striches zu unserem dreieinigen Königreich hinweist.
Lasse man nicht außer Anschlag, daß unsere Staats-
gränze durch den Erwerb des bosnisch-hercegovinischen
Landstrichs die Hypotenuse gewinnt, wo sie bisher mit
den zwei ungeschlossenen Katheten des fast rechtwinke-
ligen Dreieckes zu thun hatte! Erwägt man weiter, daß
die neuen Gebiete, trotz aller Verwahrlosung in der sie
das bisherige türkische Regiment gehalten, trotz der Un-
cultur ihrer Bewohner, dennoch alle Elemente mit sich
bringen, aus denen im Anschluß an die angränzenden
alt-österreichischen Länder sich ein homogenes in sich ab-
geschlossenes, eine Fülle physischer und moralischer Kräfte
bergendes Ganze schaffen läßt, so kann wohl niemand
zweifeln, welch' unberechenbaren Zuwachs die Machtsphäre
unseres Kaiserstaates durch diese Gebietsergänzung, durch
diese Reoccupation von altersher uns zugehöriger Landschaften gewinnen muß.

IX

Türkische Unwirthschaft.

Der verstorbene k. k. Consul für das östliche Griechenland J. G. von Hahn bezeichnete in den sechziger Jahren das Gebiet des Varbar und albanesischen Drim — nicht zu verwechseln mit der bosnisch=serbischen Drina — zu einem großen Theile als eine terra incognita; er selbst stieß auf volkreiche Städte, die auf keiner der damaligen Karten zu finden waren, auf Landschaften, die ehemals stark bevölkert gewesen sein mußten und jetzt kaum dem Namen nach bekannt sind. Was Bosnien und die Hercegovina betrifft, so sind sie zwar neuerer Zeit mehrfach durch= forscht und beschrieben worden; aber der topographisch=

historischen Räthsel und Fragen gibt es noch immer genug. Weiß man doch nicht einmal mit Sicherheit den Ursprung der gegenwärtigen hercegovinischen Haupt= stadt! Ob früher da ein größerer Ort gestanden und welchen Namen er geführt? Andetrium? Bistue? Oder ob es nur einen alten Flußübergang, most stari, ge= geben, dessen Bezeichnung auf die später entstandene An= sieblung übertragen worden? Nächst des crnagorischen Bezirks Grahovo gegen die hercegoviner Festung Klobuk ist eine Art chinesischer Mauer aufgethürmt, „Zid vuka mahnitoga = die Mauer des tollen Wolfes" geheißen, ein Riesenwerk aus ungeheuren Felsstücken in einer ge= raden Linie über Berg und Thal hinlaufend, über deren Ursprung und Bestimmung niemand Auskunft zu geben vermag. Umgekehrt kennt man aus der Geschichte die Namen von sehr bedeutenden Orten, z. B. von der einstigen Hauptstadt Hum, Chlum, im Narenta=Gebiet, über deren Lage heute die Gelehrten streiten. Bosnien, oder doch ein großer Theil davon, hieß ehemals Rama; im Titel des Beherrschers von Ungarn prangt noch heute der eines Königs von Rama. Was war Rama? wo lag es? Eine besondere Ortschaft solchen Lautes, oder Ruinen an welche Erinnerungen jenes Inhaltes geknüpft wären, gibt es nicht. Man kennt nur ein Wasser dieses Namens, Nebenflüßchen der obern Narenta, das

an Prozor vorbeifließt: hatte davon das ehemals viel=
genannte Banat, spätere Königreich, den Namen?

In ethnographischer Beziehung gibt das Gebiet
der Bosna und Narenta zwar kaum derlei Räthsel auf,
bietet aber des merkwürdigen und interessanten eine
reiche Fülle. Schon die Mischung der Racen und Con=
fessionen bringt das mit sich, die übrigens in diesen
Landstrichen lang nicht so groß ist, wie in manchen
andern Gegenden der Balkan=Halbinsel. So fehlt das
hellenische Element fast ganz; das albanesische oder
skipetarische ist auf den rascischen Landstrich beschränkt;
National=Türken sind wenige. Den großen Hauptstock
bildet der serbische oder südslavische Volksstamm, der=
selbe, der sich von unserm Banat über Syrmien Sla=
vonien und Kroatien, über das Fürstenthum Serbien,
Bosnien, die Hercegovina und Crnagora bis Dalmatien
verbreitet. Der Sprache nach eins, scheiden sie sich
nach der Confession in römische und griechische Christen
und Muhamedaner, dann nach der Schrift, indem die
Katholiken lateinische, die Orientalen altslavische Lettern
gebrauchen. Der Confession nach sind in Bosnien und
der Hercegovina die Anhänger des griechischen Ritus die
Mehrzahl, etwa fünfhundertfünfzigtausend; dann kommen
die Bekenner des Islam, nicht ganz vierhunderttausend,
zuletzt die Lateiner, nicht ganz zweihunderttausend Seelen.

Alles andere ist der Ziffer nach unbedeutend. Juden etwa sechstausend, spanischen Ursprungs, über Konstantinopel eingewandert; „sie beschäftigen sich fast durchgehends mit Handel und sind von der Bevölkerung geachtet" (Roskiewicz). Letzteres kann man von den Zigeunern, deren Zahl sich kaum annäherungsweise beziffern läßt, nicht sagen. Wenigstens von den nomadisirenden nicht; denn viele haben feste Wohnsitze, wo sie dann meist, wie in Ungarn und Siebenbürgen, das Schmiedehandwerk und außerdem Landwirthschaft betreiben. Die wandernden Zigeuner waren bis in die letzte Zeit als Knaben- und Mädchenfänger, Harems-Lieferanten verrufen, während sie wieder beim jungen Volk als Kinderbringer gelten; wie man bei uns den Kleinen sagt: der Storch hat Dir ein Brüderchen, ein Schwesterchen gebracht, so sagt die bosnische Mutter, sie habe es von einer Zigeunerin gekauft. Franz Maurer im „Ausland" 1870 hat unter den bosnischen Zigeunern eine zweifache Race unterscheiden wollen: eine grobknochige mit plumpern, eine zartgliebrige mit feinen edleren Zügen, an welchen besonders das Oval des Gesichtes, die schöngeschwungenen Augenbrauen, das anmuthig geschnittene Kinn, die schmale Adlernase auffallen.

* * *

Das jahrhundertlange Beisammen- und Ineinander-
leben hat in die Bevölkerung der Bosna und Hercegovina, trotz ihrer großen confessionellen Scheidung, gewisse
Charakterzüge und Eigenthümlichkeiten der Lebensweise gebracht, die sie ganz dem muslimischen Osten zugehörig
erscheinen lassen. Ist doch selbst in den südlichern
Gegenden von Ungarn, weil sie so lang unter Türkenherrschaft gestanden, und ganz vorzüglich in Siebenbürgen, ähnliches zu bemerken. Man könnte den ruhe-
losen, hastig vorwärts strebenden, stets nach neuem
haschenden europäischen Occident von dem beschaulichen,
im ausgefahrenen Geleise dahinlebenden, am hergebrachten,
nicht aus Grundsatz sondern aus träger Gewohnheit,
hangenden asiatischen Orient kaum treffender unterscheiden, als indem man dem: „time is money" des
erstern ein „time is nothing" des letztern entgegensetzte.
Das „morgen ist auch ein Tag" spielt bei dem Orientalen eine gewaltige Rolle. Der Engländer Charles
Boner läßt über die siebenbürgischen Romanen und
Szekler die Bemerkung fallen, das Einhalten der verab-
redeten Stunde sei ihnen ein unbekanntes Ding, oder
doch ein solches mit dem es seine weiten, weiten Wege
hat. Dieselbe Wahrnehmung kann man überall im
Orient machen. „Ein Türke hat nie Eile", sagt Kanitz,
und: „der Orientale hat immer freie Zeit" Dr. E.

Rößler. Als der letztere in Unter=Aegypten eines Abends seinen Fährmann bestellt hatte sich zur frühesten Morgenstunde bereit zu finden, war dieser, als Rößler andern Tags am Platze erschien, erst in die Stadt gegangen Nahrungsmittel einzukaufen. Von den tür= kischen Eisenbahnen versichert derselbe, der Reisende treffe da immer zu früh ein, die Bestimmung des Zeitpunktes der Abfahrt hänge von der Willkür des Zugführers ab: „Der Anschluß einer ägyptischen Zweigbahn darf so wenig pünktlich erwartet werden, als die Pünktlichkeit überhaupt 'im orientalischen Sprach= und Ideenkreise Platz hat". Einerseits das beschauliche Wesen, andrer= seits der fatalistische Zug, was beides die Bekenner des Islams charakterisirt, haben an jener Lässigkeit gleichen Antheil. Der selige kéf, wie beim Türken das dolce far niente des Italieners heißt, geht ihm über alles, und die Behauptung mag darum ihr richtiges haben, daß für den Orientalen das Gefängnis als einfaches Einsperren eher eine Wohlthat denn eine Strafe sei. Der Orientale thut im besten Falle was seines Amtes und Berufes ist, aber gewiß auch nur so weit, als es dieses ist. Spiridion Gopčević fand in der Nähe des Dorfes Blagaj an der Buna ein siebartig durchlöchertes Haus, das sich einst Omer Paša erbaut hatte, das aber seither in Verfall gerathen war und nur von einem

einsiedelnden Derwiß bewohnt wurde; von dem über-
hangenden Felsblocke fielen Steine herab, die das
Dach an vielen Stellen eingeschlagen hatten; der Der-
viß that nicht das geringste, es auszubessern. War
er doch nicht Maurer oder Schieferdecker! Von einer
der in Konstantinopel so häufig wiederkehrenden großen
Feuersbrünste wurde einst die medicinische Schule
ergriffen; ein Augenzeuge beschrieb das Schauspiel:
„Von Anfang an waren nicht nur mehrere hundert Zöglinge am Platze, der weite Hofraum war an-
gefüllt mit Soldaten, sie alle standen da und schauten
zu. Wenn jeder einzelne nur ein wenig zugegriffen
und etwas herangetragen hätte, würde sich vieles haben
retten lassen. Aber das konnten Schüler und Soldaten
freilich nicht, waren sie doch keine Lastträger! Und wo
sollte man im Augenblick genug Lastträger herbekommen?
Als die anstoßende Hauptwache zu brennen anfing, liefen
die Soldaten eilends nach allen Seiten aus, Lastträger
aufzusuchen, die ihnen die Stühle, Pölster u. dgl.
heraustrügen. So ist es in der Türkei! Jeder thut
nur was sein Theil ist, alles andere kümmert ihn nicht:
Theilung der Arbeit im schlimmsten Sinne! Wer Wasser
trägt, trägt nur Wasser und keine Lasten, und wer Dir eine
Last fortträgt, trägt keine Küchenabfälle weg, so wie der
Diener, der seinem Herrn die Pfeife stopft, im Hause

sonst nichts thut. Jeder bleibt bei seinem Beruf, wie
der eine Esel immer nur Holz schleppt und der andere
Steine."

Der südslavische Muslim hat, so scheint es, dieses
Wesen von seinem Bruder Osmanli völlig angezogen,
während der christlich gebliebene Slave davon mehr nur
angehaucht ist. Das zeigt sich schon in Aeußerlichkeiten.
Alle Reisenden haben nur eine Stimme über den schier
berückenden Zauber, den der Anblick einer größern türki=
schen Ansiedlung aus der Ferne übt. Die weißgetünch=
ten Häuser mitten im frischen Grün ihrer Gärten, da=
zwischen die Begräbnisstätten mit den dunklen Cypressen,
Moscheen mit ihren gedrückten Kuppeln und den schlank
und zierlich aufstrebenden Minarets, all' das, weithin
gebreitet über sanfte Hügel zu beiden Seiten eines mehr=
fach überbrückten Flusses, bietet ein Städtebild, wie es
sich malerischer kaum denken läßt. Aber nur nicht in
die Nähe oder gar hinein kommen! Consul Hahn ver=
gleicht sie mit Theater=Decorationen, die nur in der
Sehferne des Zuschauers reizend erscheinen, aber in der
Nähe betrachtet, nichts als ein schmieriges Gekleks sind.
In den von Muhamedanern bewohnten Stadttheilen
herrscht eine wahrhaft patriarchalische Unsauberkeit, eine
unglaubliche Idylle von Verfallenheit und Verwahr=
losung. Felix Kanitz weist wiederholt auf den wohl-

thuenden Gegensatz hin, den fast allerorts die christlichen
Stadtviertel bieten, namentlich auf serbischem Boden,
wo sich seit Decennien das europäische Wesen frei ent=
faltet; aber auch auf bulgarischem, wohin sich theilweise
russischer und österreichischer Schutz erstreckte. Unter an=
dern beschreibt er bei Bibín, im Gegensatze zu dem
wüsten ganz vernachlässigten von Hunden durchwühlten
türkischen Friedhof, den christlich bulgarischen: reinlich
und geordnet, von liebevoller Hand gezierte Gräber,
selten fehlt die Grablampe, meist von antiker Form und
von Blumen umgeben. So etwas durfte allerdings der
bosnische und hercegoviner Djaur nicht wagen, und wenn
sich auch hier die christlichen Straßen gegen die muhame=
banischen Quartiere durch größere Sauberkeit auszeichnen,
so läßt das nach unseren Begriffen noch immer viel zu
wünschen übrig. Aber wie konnte sich die Rajah mehr
entwickeln, wo jede ihrer bessern Regungen bis auf die
allerjüngste Zeit unter dem ungeschwächten Drucke türki=
scher Gewaltherrschaft erlahmte?! West= und nord=euro=
päische Reisende haben sich oft durch die loyale offenere,
mitunter feinhöfliche Haltung der Türken, besonders der
vornehmen, berücken lassen, die allerdings gegen die bis
zur Selbstverachtung herabgesunkene Demuth, zur Krie=
cherei gewordene Unterwürfigkeit, gegen das furchtsame
und scheue, mitunter lauernde und hinterlistige Wesen

der Rajah gewaltig abstach. Aber war es denn anders
möglich, wo der Djaur zittern mußte einem übelgelaun=
ten Türken in den Wurf zu kommen? wo er nirgends
Schutz gegen dessen Launen und Willkür fand? Als
der preußische Consul Dr. Otto Blau das Hochgebirge
von Drobnjak durchstreifte, wußte er sich nicht zu er=
klären, warum die Hirten, sobald sie seiner ansichtig
wurden, davon liefen; einzelne, denen er begegnete,
zitterten wie Espenlaub und baten ihnen nichts zu
leide zu thun, weil sie, wie er später erfuhr, seine
Botanisirbüchse für ein Mordwerkzeug hielten. In
solchem Grade fühlten sie sich hilflos, wenn es dem
Efendi gefiele, sie zu mißhandeln oder gar zu tödten!
Der Türke und der muhamedanisirte Slave war durch
Jahrhunderte der gebietende Herr, die Djaurs, Christ
wie Jude, waren die niedrig geborne und niedrig ge=
haltene Rajah, nur dazu da, jenen zu dienen, für sie
zu leisten, zu zahlen, sich von ihnen nach Willkür miß=
handeln und schinden zu lassen. Noch Rostiewicz fand
die Sitte aufrecht, die dem Nicht=Muslim gebot, jedem
Türken, auch dem in Lumpen gehüllten, auf der Straße
auszuweichen; waren sie beide beritten, so mußte jener
anhalten und vom Pferde steigen, bis der andere vor=
bei war, worauf sich der Djaur wieder in den Sattel
schwang um seinen Weg fortzusetzen. Der Nicht=Mus=

lim durfte keine Waffen tragen. Das war nicht blos
Erniedrigung, da der Orientale auf Waffen und
Waffenschmuck so viel hält: es machte ihn zugleich schutz=
los gegen persönlichen Angriff; auf den einsamen Ge=
höften waren bissige Hunde seine einzige Wehr gegen
die in manchen Theilen des Landes ziemlich zahlrei=
chen Wölfe. Und dennoch suchte die Ackerbau treibende
Rajah solch' entlegene Wohnsitze! Sie floh die unmittel=
bare Umgebung größerer Städte, weil sie bei einiger
Wohlhabenheit den Druck und die Habgier der tür=
kischen Gewaltherren herauszufordern fürchtete. Sie
floh auch die großen Heerstraßen, und selten fand
sich an solchen ein Nicht=Muslim herbei, einen Han
zu halten, weil er immer zu fürchten hatte daß sich die
Türken gratis einquartieren und füttern lassen würden.
In Brnjak am Ibar fand Ami Boué einen Han voll=
ständig geschlossen; der Handžija hatte selben verlassen,
als er den Fremdenzug sich nähern sah, ohne Zweifel
weil er Türken vermuthete und keine Lust hatte den
Wirth ohne Bezahlung zu machen.

Die Pforten = Regierung hatte ihren christlichen
Unterthanen lang das Recht verbürgt Kirchen auf=
zuführen, und noch traf man auf dem Lande enge
und niedrige Holzbauten ohne alles Abzeichen, durch
deren handbreite Fugen von allen Seiten der Wind

pfiff, mit einem auf zwei Pfoſten ruhenden Brett als
Altar in der Mitte, was einen Tempel vorſtellen ſollte.
Wo ſich die Chriſten das Herz nahmen ordentliche Kirchen
zu bauen, hatten ſie mit allen möglichen Kabalen und
Hinderniſſen zu kämpfen. Bald ſtellte ihnen der Mudir
den Bau ein weil er fand, das werde kein Gotteshaus
ſondern eine feſte Burg; bald warf ſich die fanatiſirte
Menge über die Werkleute her und zerſtörte ihnen die
Arbeit. Am meiſten bäumte ſich der muslimiſche Hoch=
muth gegen den Gebrauch von Glocken auf; es kam
vor, daß die Schwengel, die kaum erſt angefangen
hatten ihren Dienſt zu thun, über Nacht geſtohlen
waren, ſo daß die Glocke einer Uhr ohne Zeiger
glich. Vordem mußte ſich die chriſtliche „Heerde“ mit
einem an zwei Stangen angenagelten Brette begnügen,
wie deren bei uns zu Lande die Cavalerie vor den
Häuſern, in denen jemand von der Mannſchaft ein=
gelagert iſt, zu haben pflegt, worauf mit einem oder
zwei Holzklöppeln die Achtungszeichen gegeben werden.
Eingehegte Friedhöfe hatte die Rajah bis in die
neueſte Zeit nur etwa bei größern Städten; das höl=
zerne Kreuz, das dem in Banjaluka verſtorbenen öſter=
reichiſchen General=Conſul Milenković geſetzt worden,
galt den armen Gebrückten als ein Wunder von Auf=

wand und Pracht.*) Die Juden haben erst vor wenig
Jahren das Recht erhalten, die drei unbehauenen Steine,
die sie der Länge nach auf die Ruhestätte ihrer Ver=
storbenen zu legen pflegten, mit Mörtel zu verbinden,
während diese früher, da Mensch und Vieh unbehindert
den uneingefriedeten Begräbnisplatz betraten, bald regel=
los verstreut und umhergeworfen wurden. Die christ=
lichen Gräber fand man auf dem Lande meist einzeln
von einem kleinen Gitter umfangen, darin ein kaum
zwei Fuß hohes Kreuz und etwa eine Birke. Dabei
hatten Christ und Jude jedenfalls das vor dem Zigeu=
ner voraus, daß dieser ohne alles und jedes Merkmal
in die Erde verscharrt werden mußte. Und da konnte
es Personen geben, gescheidte und kenntnisvolle Leute,
die unter den vielen Tugenden die sie dem Türken nach=
rühmten, auch dessen Toleranz priesen! Die Rajah
selbst, mindestens· in den entlegeneren Provinzen, wußte
davon nichts zu erzählen..

---

*) Franz Maurer S. 268 f.: .. „Doch muß ich gestehen,
daß mir dasselbe auf einem deutschen ländlichen Friedhofe ärm-
lich vorgekommen sein würde .. Auch dürfte es für den Kaiserstaat geziemender· gewesen sein wenn er die Gelegenheit benutzt
hätte den Türken zu zeigen wie ein in seinem Berufe gestorbener
‚Ungläubiger‘ im Grabe geehrt wird, indem er demselben ein
prachtvolles Monument aus Eisen und Stein mit einem zehn
Fuß hohen von Vergoldung strotzenden Kreuze errichtet hätte“.

Auch mit der bürgerlichen Gleichstellung war es, wenn man jene Vertheidiger des Osmanenthums hört, laut der verschiedenen Hati Serifs, Hati Humajums, Tanzimate gar nicht so schlecht bestellt. Hatte nicht die Rajah ihre Beisitzer bei Gericht, ihre Vertreter in der Gemeinde und bei den Behörden? . . Ja die hatte sie, aber was für eine klägliche, für eine völlig nichtssagende Rolle spielten dieselben! Einmal waren sie außer allem Verhältnis zu der wirklichen Bevölkerungszahl und dann, inmitten der eingefleischten Osmanlis und ihrer noch viel verbisseneren muhamedanisirten Stammesbrüder, ohne jeden Einfluß und Ansehen. Auf einer seiner Forschungsreisen im Fürstenthum Serbien hatte Kanitz ohne Beobachtung der gehörigen Vorsichten das bosnische Gebiet von Zvornik betreten, und dadurch den türkischen Stadttheil in eine solche Aufregung versetzt, daß unser Landsmann und dessen serbischer Begleiter vor den großen Stadtrath (medžlis) geladen wurden. Nur sein entschiedenes Auftreten und die Drohung mit dem gefürchteten „nemc" (österreichischen) Consul wendete einen Spruch ab, der ihn von seinem Begleiter trennen und auf dem kürzesten Wege nach Oesterreich zurückschicken wollte. „Die traurigste Rolle", erzählt Kanitz, „während dieser ganzen Verhandlung spielte der christliche Corbadži, der unter fünfzehn Mitgliedern des

Rathes allein die ein volles Drittheil der Stadtbe=
völkerung bildenden Christen vertrat. Durch stumme
Geberden drückte er uns wiederholt verstohlen seine
Theilnahme aus, und als ich den Saal verließ benützte
er einen Moment, wo er sich unbeobachtet glaubte,
bückte sich tief, versuchte meine Hand zu küßen und be=
schwor mich in serbischer Sprache ihm zu verzeihen daß
er nicht für uns gesprochen hätte; er habe es nicht ge=
wagt da er sich und uns nur geschadet haben würde . . .
Solcher Art", bemerkt Kanitz zu dieser Scene, „ist die
Vertretung der christlichen Bevölkerung der Türkei in
den Medžlis, denen die Steuervertheilung, die Recht=
fällung u. s. w. obliegt, die über Wohl und Wehe der
Rajah zu entscheiden haben!" Allerdings waren diese
Zustände nicht in allen Theilen des türkischen Reiches
gleich; es gab Provinzen wo die Rajah und deren Ver=
treter von den ihr ertheilten Zugeständnissen wirk=
samern Gebrauch zu machen verstand. Um dieselbe Zeit
(1868) wo Kanitz auf eigene Erfahrung gestützt das
obige Zerrbild entrollte, konnte Consul Hahn versichern,
man treffe bereits Provinzial=Räthe in denen sich das
christliche Element so kräftig fühle daß es mitunter selbst
dem auf die türkische Partei gestützten Paša die Stirn
zu bieten wage. Das mag nun in einzelnen Theilen
Bulgariens Rumeliens Albaniens stattgefunden haben;

in Bosnien und in der Hercegovina, wo die muha=
mebanisirten Slaven von jeher wüthender christenfeind=
licher waren als die Vollbluttürken, war dies gewiß
nie der Fall.

*   *   *

Unter solch' heillosem Regiment gerieth alles in Ver=
fall, materieller Wohlstand wie geistige Cultur, und wo sich
etwas entwickeln wollte da wurde es im Keime geknickt.
„Bosnien ist durch die Miswirthschaft der Admini=
stration dem größten Elende ausgesetzt"; so hieß es in
einer Beschwerdeschrift, die kaum zwei Monate vor
dem Einmarsch unserer Truppen dem Gouverneur Maz=
har Paša überreicht wurde: „täglich laufen hunderte
von Klagen ein, ohne daß sich Abhilfe dafür fände.
Die Beamten bedrücken das Volk bei jedem Anlasse,
und vergeuden mit andern verlotterten Individuen den
Zehent, die Steuern und Zölle derart, daß die Provinz
beinahe keine Finanzen hat und ökonomisch täglich mehr
herabkommt." Wie die Beamten mit den Steuer=
zahlern, so machten es die Officiere mit ihren Soldaten,
die Jahre lang ohne Sold blieben — die Truppen
in Bosnien hatten in der letzten Zeit seit vierzig Mo=
naten keinen Piaster erhalten! —, in der Beschuhung
und Bekleidung verrissen und zerlumpt waren, als

Nahrung höchstens etwas Mehl, oft auch bloßes Ge=
treide erhielten. Daher massenweise Deserteurs die ein=
zeln oder in Gruppen das Land durchstreiften und sich
von einem bäuerlichen Gehöfte zum andern durch Bet=
teln oder Drohung weiterhalfen. „Es ist nicht gut",
sagte die angeführte Klageschrift über diesen Punkt,
„Soldaten unter Waffen zu halten, die aus Mangel
an Kleidung Nahrung und Sold die Flucht ergreifen
müssen. Es ist nicht gerechtfertigt, alle eingefangenen
Deserteurs zu bestrafen, so lang der Staat ihnen
gegenüber seinen Pflichten nicht nachkommt. Es ist
unrecht, noch weitere Soldaten einzuberufen und den
Familien ihre Ernährer zu entziehen, wenn man die
bereits vorhandenen nicht bezahlen kann."

Wie andere Gewerbszweige, so war es namentlich
die Montan=Industrie, die seit der osmanischen Besetzung
des Landes einging. Volkreiche Orte, wegen ihrer Erz=
gruben und des Wohlstandes ihrer Einwohner berühmt,
sanken zu unbedeutenden Weilern von kaum einem Halb=
dutzend Familien herab, wie dies z. B. mit Novobrdo in
Rascien der Fall ist. Wo ehemals ein reges Leben von
Bergknappen und Hüttenarbeitern waltete, da sieht man jetzt
Spuren eingesunkener Stollen und Schachte, von Schutt=
pflanzen überwucherte Halden und Schlackenhaufen, zer=
fallene Gemäuer von Hämmern und Hochöfen. Bosnien

war zu Zeiten der Römer wegen seines Metallreichthums
berühmt; an Gold allein sollen sie täglich fünfzig Pfund
gewonnen haben. Auch unter den einheimischen Königen
blühte der Bergbau, der aber während der Türken=
herrschaft vollständig vergessen und vernachlässigt wurde.
Neuester Zeit hat der eine oder andere Paša diesem
Gegenstande seine Aufmerksamkeit zugewendet, den alten
Gold= und Silberminen durch fachmännische Fremde
nachgehen lassen; auch haben sich mitunter Lager
gefunden die gewinnbringende Ausbeute versprachen.
Allein der Paša wurde abberufen, sein Nachfolger küm=
merte sich darum nicht, und alles fiel in den alten
Schlendrian zurück. Auch die Furcht vor den türki=
schen Behörden, denen ja die neue Erwerbsquelle doch
nur Stoff und Anlaß zu weiterer Bedrückung der Rajah
geboten haben würde, schuf Hindernisse, indem das
christliche Volk sich jeder versuchten Auskundung gegen=
über verschlossen zeigte. Der deutsche Ingenieur Conrad,
den Chosrev Paša herbeigerufen, mußte sich seine
Schurfstellen und Minen selbst suchen, weil ihm die
Bewohner der Umgebung von Kreševo jede Auskunft
verweigerten; er fand reiche Quecksilberadern, die bis
zum heutigen Tage in einer ziemlich primitiven Weise
ausgebeutet werden. Der Crnagorce Gopčević erzählt
von einem Bauer, der vor Jahren Goldkörner und

Goldklümpchen zum Verkaufe gebracht habe, bis man darauf aufmerksam geworden sei und ihn habe zu Rede stellen wollen; er aber sei entwichen und nie wieder gesehen worden. Aber nicht blos auf edle Metalle beschränkte sich diese Geheimnißthuerei. Maurer traf in einem Orte eine Salpeter kochende Alte, die auf keine Weise dahin zu bringen war ihm zu sagen wo sich die Erde finde. Von den Mönchen eines der katholischen Klöster hieß es, sie kennten Lager ausgezeichneten Marmors, machten aber von dieser Wissenschaft keinen Gebrauch, um nicht die Türken auf die Spur zu bringen; sie schienen ihre Zeit abwarten zu wollen, bis es mit dem unvernünftigen und verhaßten Regimente sein Ende haben werde.

In der That, neben der Türkenfurcht zog sich — und das ist nach allem was sie seit Jahrhunderten erlitten, nach den in den letzten Decennien so oft erweckten Hoffnungen auf Besserung ihrer Lage, und den immer wieder erfolgten grausamen Enttäuschungen wohl sehr begreiflich! — ein tief gehender Türkenhaß durch alle Schichten der nicht-islamitischen Bevölkerung.

All' ihr Sinnen, all' ihr Trachten traf in dem einen zusammen, sich ihrer Peiniger zu entledigen, sich an ihnen zu rächen oder durch andere das Werk der Vergeltung an ihnen üben zu lassen. Und dieses Ziel, das sie Tag und Nacht beschäftigte, das ihre ganze Gedankenwelt ausfüllte und beherrschte, schwebte nicht blos jenen vor, die zur Stunde unter türkischer Wirth=schaft litten; auch bei solchen, die sich für ihre Per=son lang schon der muslimischen Thrannei entzogen hatten, drehte sich, in der Erinnerung dessen was ihre Vorältern erdulden müssen und im Anblicke dessen was ihre Stammesbrüder noch leiden mußten, ihr Dichten und Streben hauptsächlich um diesen Punkt. „Einen Türken umzubringen", versicherte Dr. Karl Zittel 1864 von den Bewohnern unserer Morlakei, „ist in ihren Augen ein höchst verdienstvolles Werk, und wenn heute ein Krieg gegen dieselben ausbräche, so möchte nicht leicht ein waffenfähiger Mann zu Hause bleiben." Das ganze Politisiren des Crnagorcen — und er politisirt immer, wenn er nicht kämpft — ist: Türken aus der Welt zu schaffen. Seine liebste Sonn=tagsbeschäftigung ist das Scheibenschießen, und so oft er einen guten Schuß gethan, ist es in seinem Sinne ein Türke den er in's Herz getroffen. Vernimmt er in der Nähe der Gränze seines kleinen Ländchens einen Schuß, den er sich nicht anders zu erklären weiß, so sagt er sich: „Bit će pas koji Turčir — Es wird ein Türkenhund gewesen sein, dem einer der unsern das Licht ausgeblasen hat." Daß die Zahl der Türken=

köpfe, die einer abgeschnitten und sich angehängt oder nächst seinem Hause aufgesteckt hat, die größten Trophäen der Montenegriner sind, daß sie sich dessen gegeneinander brüsten, ist eine bekannte Thatsache. Die bosnische Rajah konnte das schon darum nicht, weil ihr kein Gewehr und kein Handzar zu Gebote stand; sie war darauf angewiesen, Hilfe von außen zu erwarten. So oft sie Fremde in ihrem Lande gewahrten, Reisende ·die sich alles ansahen, einzelnes abzeichneten oder aufschrieben, heiterten sich die Mienen beobachtender Djaurs auf, einmal darum weil sie wußten, daß ihre Bedrücker solche Besuche nicht liebten, und dann weil sie in dem Fremden einen Kundschafter und Vorläufer christlicher Armeen sahen; „denn was sollten sie sonst im Lande, und wozu machten sie die Aufzeichnungen?!"

X

Reine Race.

Es wirft ein eigenthümliches Streiflicht auf die ehemaligen Zustände der türkischen Provinzen, wenn das Gefühl der Sicherheit von Person und Eigenthum dort geringer war, wo das „Auge des Gesetzes" soit-disant wachte, als dort wo besagtes Auge vom Vezier bis herab zum Zaptijeh nicht wachte. Der preußische Consul Dr. Blau konnte auf seinen Wanderungen durch Bosnien wahrnehmen, daß, je weiter er sich von den großen Verkehrslinien entfernte, wo durchziehende Truppen, reisende Begs und Agas, und vorzüglich Zaptijehs — Unsicherheitswache konnte man die türkische Gensbarmerie von ehedem

nennen! — die Bewohner beläftigten, defto wohl=
habender und felbftzufriedener die Bevölkerung war. Auf
feinem Wege von Prozor nach Konjica kam er im
Flußgebiete der Neretvica in eine Gegend, die vor ihm
kein reifender Franke betreten hatte. Drei türkifche
und zwei chriftliche Familien bildeten die Großgrund=
befiher, alles übrige waren Kmeten; aber die gut be=
pflanzte Gegend fo wie der Charakter der Bewohner
machten den Eindruck eines freundlich geordneten Ge=
meinwefens, „und es verdient erwähnt zu werden“, fetzt
Blau hinzu, „daß es mir hier zum erftenmal begegnet
ift, daß man für die mir und meinen Leuten und Pfer=
den gewährte Unterkunft und Bewirthung fchlechter=
dings jede Vergütung ablehnte“.

Der füdliche Theil der Hercegovina hat fich von
muhamedanifch=türkifchen Elementen viel reiner erhalten,
als der nördliche und das ganze bosnifche Gebiet, und
die Folgen diefes Unterfchiedes müffen, nach deffelben
Reifenden Bemerkung, jedem auffallen. „Durch größere
Lebhaftigkeit des Temperaments, körperliche Rührigkeit,
hellere Farben in der Tracht, und mehr Bildfamkeit
und Empfänglichkeit im allgemeinen, unterfcheiden fich
die füdlichen Hercegovcen von den Bosniaken in vortheil=
hafter Weife. Sie find fo ganz deffelben Schlages wie
die Montenegriner und Bocchefen; die ftaatlichen Gränzen

haben nicht vermocht, die nationale Zusammengehörig=
keit dieser Stämme zu verwischen. Durch die Beweg=
ungen, die im Jahre 1861 den Aufstand in der Hercego=
vina, im Jahre 1869 den der Bocchesen hervorriefen,
ging als Grundgedanke derselbe Zug nationalen Gemein=
sinns, der die Haltung Montenegros gegen die Nachbar=
länder kennzeichnet". Die Erfolge auf unserm jetzigen
Kriegsschauplatze haben es auch gezeigt, daß die Paci=
ficirung in diesen Landestheilen, einzelne Punkte aus=
genommen die erst bezwungen werden mußten, rascher
vor sich ging und Wurzel faßte, als in den von den
Ausläufern des Islam mächtiger durchäderten Gebieten.

Um die Race, von welcher der ausgedehnte Land=
strich von den Ufern unserer Banater Maros bis an
die östlichen Gestade der obern und mittlern Adria be=
völkert wird, in ihrer unverdorbenen Ursprünglichkeit
kennen zu lernen, muß man sie in jenen Bergen auf=
suchen, in deren Schutz sie sich, durch die ganze Zeit
der Türkenherrschaft in ihrer unmittelbaren Nachbar=
schaft, und trotz so oft wiederholter, mehr als einmal
mit einem ganz unverhältnismäßigen Kraftaufwande ein=
geleiteten Unterjochungsversuche, selbstänbig unabhängig
und unvermischt von fremdartigen Elementen zu er=
halten gewußt hat: in der Ernagora. Man muß sich
dabei ferner an solche Berichterstatter halten, die der

Landessprache, mindestens was das Verständnis betrifft, vollkommen mächtig sind und die sich ihrerseits mit den Eingebornen durch das Medium derselben oder doch eines verwandten Idioms in ungehinderten Gedanken= austausch setzen können, was nicht blos, im Gegenhalt zu der nie ganz verläßlichen Dazwischenkunft eines Dol= metsch, ein untrüglicheres weil unmittelbares Verständnis schafft, sondern auch das Zutrauen und darum die Mittheilsamkeit der Landesangehörigen dem fremden An= kömmling gegenüber in ungeahnter Weise erhöht. Wir werden da denselben Volksstamm, dessen Glieder wir in den anliegenden türkischen Provinzen, unter dem jahr= hundertlangen Drucke einer sclavenähnlichen Mißhand= lung, als niedrige bemüthige unterwürfige, oft furcht= sam scheue Geschöpfe kennen gelernt, in ungezwungener selbstbewußter Entwicklung wieder finden und Eigen= schaften an ihm entdecken, die nicht wie dort unser be= dauerndes Mitleid, die vielmehr unsere freudige Theil= nahme anregen.

Der gefeierte Peter Njeguš II. pflegte zu sagen, daß seine Crnagorcen ihrem von der westeuropäischen Bildung fast unberührten Urzustande noch so nahe ständen, als ob sie gestern vom Kaukasus herabgestiegen wären. Dasselbe gilt von ihrer äußern Erscheinung, die sie als einen hochgewachsenen kräftigen Menschen=

schlag von edlem Gesichtsschnitt und Ausbruck erscheinen läßt. Bei den Weibern fällt besonders das Auge und der kleine schön gezeichnete Mund vortheilhaft auf. Schlank und hochgewachsen sind auch sie, und von einer Beherzt= heit und Entschlossenheit, die dem ganzen Völklein in seinen fast alltäglichen kleinen Kämpfen und immer wiederkehrenden Streifzügen und Kriegen von Kindes= beinen angewohnt und angelebt wird. Auf uns ge= schniegelte und verfeinerte Europäer übt so ein Crnagorce in seiner Riesengestalt, mit seinem martialischen Drein= schauen, mit seinem Waffen=Arsenal in den Händen und im Gürtel, allerdings einen nicht sehr wohlthuenden Eindruck aus, und wenn er Dir, um sich freundschaft= lich zu zeigen, die Hand zum Drucke hinhält, so befällt Dich eine geheime Furcht, ob Du wohl die Deinige unzerquetscht aus der eisernen Umfassung herausbringen werdest. Doch sei ohne Sorgen; er wird sie, trotz aller Herzlichkeit des Willkomms, schonend drücken, freilich mit einer Miene als ob er sagen wollte: „O du gütiger Heiland, ist das auch eine Menschenhand? Unsere Mädchen haben sie ja größer als diese schwächlichen Nordländer!"

So erging es Wilem Dušan Lambl, einem böh= mischen Reisenden, als er gegen Ende der vierziger Jahre die erste Bekanntschaft mit dem rauhen Lande und dessen

urkräftigen Bewohnern machte, zu benen er sich, je mehr
er davon sah und hörte, immer inniger hingezogen
fühlte. Manchmal glaubte er sich in ganz andere Zeiten
versetzt. „Wenn wir mit Verwandten und Freunden
des Sava Bojković, meines Begleiters, zusammentrafen,
wenn diese Bergbewohner ihre Arme ausbreiteten, dreimal einander die Wangen küßten und ihre Begrüßungs-
ansprache hielten, war es mir als ob ich im alten
Hellas wäre, ich sah alle Züge des classischen Zeitalters
in Fleisch und Blut vor mir. Diese ledernen Schläuche
für den Wein, diese nächtlichen Hirtenfeuer auf den
Bergen, dies tiefblaue Meer im purpurnen Wiederschein
der abendlichen Wolken, das Wehklagen der Mädchen
nach einem gefallenen Helden, das ist noch Patroklos,
das ist noch der ganze Homer wie er vor zweitausend
Jahren leibte und lebte!"

Aber auch an das Mittelalter, an die schönsten
poetischen Zeiten desselben, gemahnt manches im Wesen
der Ernagorcen. Wie bei allen ursprünglichen Völkern
spielt bei ihnen und ihren Gränznachbarn, den Hercegovcen von der einen, unsern Bocchesen von der andern
Seite, die Rache eine große Rolle. „Wer sich nicht
rächt, der kann nicht gedeihen", heißt es bei ihnen im
Sprüchwort. Auch ist es begreiflich, daß Männer, die
beständig alle Hände voll Waffen haben, von der Leiden-

schaft fortgerissen mit dem Blute ihrer Feinde nicht sparen. Diese Gefühle theilt das Weib mit dem Manne, ihnen ist Wiedervergeltung, Aug gegen Aug, Zahn gegen Zahn, Leben gegen Leben, etwas in der Natur der Sache gegründetes. Die Witwe bewahrt das blutige Hemd ihres getödteten Mannes, um es ihren Kindern zu zeigen, damit sie, wenn sie herangewachsen, Rache für den vorzeitigen Tod ihres Erzeugers nehmen. Aber das soll nicht mit Hinterlist geschehen, sondern in offener Feindschaft. Wenn die Zeit gekommen, fordert der Vergelter seinen Gegner zum Zweikampf heraus, oder erklärt ihm sein feindseliges Vorhaben, damit er auf seiner Hut sei und, wenn er unversehens getroffen würde, nicht sagen könne, es sei aus Verrätherei ge= schehen. Diese Kriegserklärung, wenn man es so nennen will, geschieht oft schriftlich, und Personen, die derlei Briefe zu Gesicht bekommen, versichern, dieselben seien vollkommen im Geschmack jener Erklärungen und Auf= kündigungen, die zu Zeiten des Faustrechtes die Ritter einander durch ihre Herolde zugesandt; sie enthielten durchaus keine Beleidigungen, sondern seien in einem sehr edlen und würdigen, für diese in der Bildung ver= nachlässigten Leute ganz unglaublichen Style gehalten. Auch kommt es vor, daß in solchen Lagen Aufschub, Waffenstillstand verlangt wird, den, von der andern

Seite zugeſtanden, beide Theile auf das gewiſſenhafteſte
einhalten; während dieſer Zeit kann der Mörder ruhig
in ſeine Heimat zurückkehren und ſeinen Beſchäftigungen
nachgehen, er iſt ſicher daß ihm kein Leibes widerfährt.
Von der einen Seite die öſterreichiſche Regierung, von
der andern der Bildner und Civiliſator ſeiner Nation
Peter II. haben zwar durch Geſetz und ſcharfe Strafen
dem Unweſen der Blutrache, die ſich oft durch mehrere
Menſchenalter hinzog und, wie in den Kämpfen der
rothen und weißen Roſe, ganze Geſchlechter vom Erb=
boden vertilgte, zu ſteuern geſucht; ganz verſchwunden
aber iſt es bis zur Stunde nicht.

Der Crnagorce iſt von Haus aus Krieger, freilich
zunächſt nur für jene Art von Krieg, wie dieſer in ſeinen
Bergen zu führen iſt. Wie es vom ungariſchen Cſikós
heißt, er werde auf dem Pferde und mit Sporen ge=
boren, ſo könnte man vom Crnagorcen ſagen: er komme
mit ſeiner langen Flinte, ſeinen rieſigen Piſtolen und
ſeinem Handzar auf die Welt. Er trägt ſeine Waffen
ſtets, bei ſeinen friedlichſten Hantirungen. Unbewaffnet
zu erſcheinen gilt ihm für ſo ſchimpflich, daß, als Fürſt
Danilo die Gefängnisſtrafe einzuführen beſchloß, er es
unnöthig fand, die Kerker mit Thürmen und Gitter, ja
mit einer Wache zu verſehen, ſondern einfach befahl,
dem zur Haft Verurtheilten die Waffen abzunehmen.

In seinen Kämpfen entwickelt der Montenegriner eine natürliche Kriegskunst, bei der ihm alle Eigenschaften un= verdorbener Natursöhne zu statten kommen. Er ist stark und gewandt, läuft gleich der Gemse über die steilsten Felsen, schießt so gut wie der Thyroler und ist von einer an das antike Heldenthum mahnenden Tapferkeit. Während der kriegerischen Arbeit die er verrichtet, sättigt er sich mit der einfachsten Speise. Seine Sinne haben, gleich dem Bocchesen seinem Gränznachbar, die uns verzärteltem Stadtvolk unglaublich scheinende Spürkraft des Thieres und des Wilden. De Traux war einst auf der Höhe von Braïci, deren Bewohner mit den Crna= gorcen im Streite lagen; von weitem witterten die Bocchesen ihre lauernden Feinde: „ich sage witterten", fügt der kaiserliche Hauptmann bei; „denn ich sah sie kaum mit dem Fernrohr, als sie selbe schon entdeckt hatten." De Traux stellt eigentlich unsere Bocchesen noch über die Montenegriner, die jenen an Herzhaftig= keit nachstünden und keiner Disciplin fähig seien; „auch werden die Montenegriner in ihrem Krieg stets von den an Zahl viel geringern Bocchesen vollkommen geschlagen". Ob dieser vor mehr als siebenzig Jahren geschriebene Satz noch heute seine Richtigkeit hat, muß ich Andern zu beurtheilen überlassen.

Unter den vielen Ehrentiteln, womit man seit

Jahren von gewisser Seite die Crnagorcen, und auch
andere in der Gegend wohnende Leute, gelegentlich
auszuzeichnen pflegte, fand sich auch der: „Diebs= und
Räubergesindel". Nichts ist unwahrer und darum un=
gerechter! Allerdings stiehlt und raubt der Crnagorce,
wie auch ihm gestohlen und geraubt wird; aber das
thut er seinen Feinden, und seine Feinde thun es ihm.
Es ist eben Krieg der dort nach Landesbrauch geführt
wird; Heerden bilden den größten Reichthum jener
Naturvölker, und Heerden sind es darum die sie ein=
ander gegenseitig abjagen und forttreiben. Und Krieg
führte der Crnagorce nicht blos mit dem Türken, sondern
auch mit seinem dalmatinischen Stammes= und Glaubens=
bruder, und auch das meist um seiner Heerden willen.
So war die Hochebene von Paftrović oft genug Schau=
platz blutiger Kämpfe, weil beide Theile glaubten das
Recht zu haben ihr Vieh auf gewissen Plätzen weiden
zu lassen; der Streit ging meist von den Crnagorcen
aus, und zwar im Winter, wo ihre Hochebene mit
Schnee bedeckt ist und daher ihre Thiere dort keine
Nahrung finden. Mit dem Türken lag der Montene=
griner im Krieg, in fast unausgesetztem täglichen stünd=
lichen Krieg — weil eben jener Türke und folglich jeder
Christenseele Todfeind ist. Sonst aber thut er keinem
etwas zu Leide, weder an Leib und Gliedmaßen, noch

an Hab und Gut. Dr. Lambl erzählt, wie ihn Herren
in seinen Röcken in Cattaro gewarnt, ihm von der
Grausamkeit Raubsucht und Wildheit der Crnagorcen
die haarsträubendsten Dinge erzählt hätten, „so daß es
nöthig gewesen wäre, ich hätte mich gleich hinter dem
Thore der Stadt von meinem Leben verabschiedet, um
mich dann durch räuberische Anfälle und Schüsse aus
dem Hinterhalt nicht weiter schrecken zu lassen. Indeß
achtete ich auf diese Reden nicht und habe mich über=
zeugt, daß ich durch die schwarzen Berge in der Dunkel=
heit, bei Sturm und Regen, allein, sicherer wandern
könne als in unsern Städten mitunter bei hellem Tage
und im Gewühl der Leute, wo man wohl auf seine
Taschen achten muß, daß sich nicht die Hand eines guten
Nachbars hinein verirre. Auch haben glaubenswürdige
und achtbare Leute mich versichert, daß Diebstahl und
Straßenraub von altersher so seltene Vorkommnisse seien
daß die Crnagora und die benachbarten österreichischen
Gränzen in dieser Hinsicht in der europäischen Ver=
brecher=Statistik fast rein dastehen.“ In diesem Urtheil
stimmen alle Kenner jener Gegenden überein. Von den
dalmatiner Zupanern versicherte ein kaiserlicher Justiz=
mann den Professor Petter, daß oft Jahre lang
in seinem Bezirke kein Verbrechen begangen wurde.
Und erst neuestens hat General=Consul Vasić in einem

amtlichen Berichte an das Ministerium des Aeußern, nachdem er die verworrenen Zustände geschildert unter denen in der Zeit vor dem Einmarsch unserer Truppen alle Landestheile litten, den Ausdruck gebraucht: „Bis dahin muß man sich trösten, daß im bosnischen Volke bei seiner beklagenswerthen Unwissenheit ein so reicher Schatz moralischen Werthes liegt, daß ungeachtet der seit Wochen anbauernden Anarchie weder Gewaltthaten noch Diebstähle vorkommen".

Gleich allen Naturvölkern stecken die Crnagorcen, und ebenso ihre Nachbarn zur Rechten und zur Linken, tief im Aberglauben. Der blutsaugende Vampyr und dessen freundlicher Gegensatz die lichtgeborne jungfräu= liche Vila spielen nicht blos im Liebe ihre Rolle, auch im praktischen Leben gibt es hin und wieder Gebräuche die mit jenen Einbildungen zusammenhängen. Weiber die an Nervenzuckungen leiden gelten noch heute als vom Teufel besessen, den man vom Popen bannen lassen müsse, wo nicht gar als leibhafte Hexen denen noch um die Wende des gegenwärtigen Jahrhunderts der Scheiter= haufen drohte. Im Jahre 1799 rettete unser General Barbi einem schönen neunzehnjährigen Mädchen das Leben; die Popen waren bereits versammelt um das Feuer anzuzünden, als eine Colonne Soldaten an= marschirt kam und den Haufen auseinandertrieb. Ihr

ganzer Heiligen = Kalender ist mit ihrem Naturglauben
auf das innigste verwachsen, wobei heidnische Nachklänge
überall durchbringen: der heilige Nicolaus ist eine Art
Neptun; Elias, Ilija, der Donnerer; Panteleimon
der Sturmbeherrscher; die heilige Maria erscheint mit=
unter als die Mutter des Blitzes, Sanct Georg gilt als
Bringer des Lenzes. Ihre Religionsübungen beobachten
sie mit einer unverbrüchlichen Strenge, und dabei ist
nicht zu übersehen, daß ihr Fasten einerseits ohne allen
Vergleich härter, andererseits viel häufiger und an=
haltender ist als das in unsern Ländern. Als unser
Dr. Lambl während einer solchen Zeit durch die schwarzen
Berge zog, war sein Begleiter um keinen Preis zu be=
wegen etwas von den Speisen zu berühren die der
böhmische Reisende sich bereiten ließ; trockenes Brod
und ein Schluck Brantwein war durch drei Tage un=
unterbrochenen Wanderns seine ganze Nahrung. Doch
würde man irregehen wenn man die Religiosität dieser
Bergbewohner für bloßes Formelwesen und finstern
Aberwitz halten wollte; es liegt ihr ein tief inniger
Gottesglaube zu Grunde, auf den sie alles zurückführen
was ihnen das Leben bringt. Lambl mußte seinem
Manne während ihrer gemeinsamen Streifzüge von ver=
schiedenen Naturerscheinungen erzählen wobei er ihm
dieselben zu erklären suchte; doch der Crnagorce hatte

14*

nur einen Ausruf: „Gott sei gelobt! Gepriesen sei der Einzige! Wie groß sind seine Wunder!"

Als geborner Krieger schätzt der Crnagorce nur den Mann und in der Familie nur den werdenden Mann, den Knaben. Als der Vojvode Andrija Perović unserem Landsmann seinen Jüngsten vorstellte und ihm von seinen andern Söhnen erzählte, sagte Lambl: „Du hast gewiß Freude, Andrija Perović, daß Du lauter Söhne zu Kindern hast, ist's nicht so?" „Gewiß, Herr, wir brauchen auch mehr Knaben, besonders dort wo Türken in unserer Nähe sind". „Aber was dann, wenn ihrer mehr Mädchen wären?!" „Das gibt es nicht! Sieh, Herr Böhme (gospodin Čeh), das ist in unserer ganzen Crnagora so: wo viele Männer zu Grunde gehen, da werden lauter Knäblein geboren, fast nur Knäblein, sehr wenig Mädchen. So ist es Gott selbst der uns hilft, und in meiner Familie ist es ganz dasselbe. Mein Vater war in seiner Jugend wie vom Teufel besessen, so daß ihm das Stichwort ‚Türk Perović‘ geblieben ist, und jetzt zählt er sechsundsechzig Knaben als Enkel".

Es war in der Crnagora üblich die Einwohner einer Ortschaft nur nach „Flinten", d. i. nach Männern zu zählen; war ja doch Mann und Flinte eins, und konnte man nur diese gegen die Türken brauchen! Der

Montenegriner hoffte gar nicht darauf in seinem Bette
zu sterben, ihm war der Tod auf dem Kampfplatz die
höchste Ehre. Zu jeder Stunde des Tages und der
Nacht auf einen feindlichen Ueberfall gefaßt zu sein,
sein Blut zu vergießen, um seinen Herd, sein Hab und
Gut, sein Vaterland und seinen Glauben zu schützen,
war dem Crnagorcen besonders in den Gränzgebieten
etwas wie das tägliche Brod, es gehörte zu seiner Tages=
ordnung. Wenn des Abends die Aeltern beisammen
saßen, erschienen die Jüngern und berichteten: „Gestern
sind die Piperi, die Bjeloplavićen mit den Türken an=
einander gerathen; von den Unsern sind zwei todt, fünf
verwundet, von den Türken sind vier gefallen, sieben
verwundet“. Derlei Meldungen wurden erstattet und
entgegengenommen mit solcher Ruhe und Gelassenheit,
wie etwa bei uns zu Lande wenn der Oberknecht oder
Schaffer dem Herrn Wirthschaftsbereiter meldet, wie
viel Garben man am heutigen Tage im Felde geschnitten
habe, wie viel Getreide noch außen stehe.

Es ist begreiflich daß das Weib, unter den Ver-
hältnissen wie sie bis auf die jüngste Zeit in dem
rauhen Berglande walteten, eine untergeordnete Stellung
einnahm. Das war und ist noch heute nicht blos bei
den Crnagorcen der Fall; das gilt als Regel durch das
ganze südslavische Land bis in unser österreichisches

Gebiet hinein, obwohl hier sowie im Fürstenthum Serbien sich diese Schroffheit hin und wieder abzuschleifen
beginnt. Das Frauenzimmer ist der arbeitende Theil.
Sie verfertigen zu Hause Leinwand, Zeuge, grobes Tuch
für den Hausgebrauch, sie haben auch den größten Theil
der Feldarbeit auf sich. Wenn es zu Markte oder auf
Reisen geht, so ist das Weib, man verzeihe mir den
Ausdruck, das Lastthier; nur daß der Mann, wenn der
Ballast für seine Begleiterin allein zu groß oder zu
schwer ist, einen Theil desselben auf sich nimmt. Aber
auch dieses „zu groß oder zu schwer" ist keinesfalls nach
den Begriffen unserer Dämchen zu nehmen: de Traux
versichert mit eigenen Augen gesehen zu haben, wie ihrer
fünf Crnagorcinen eine gut gemessene Klafter schönen
Scheitholzes nach Cattaro hinab trugen. Auf dem
Heimweg den Berg hinan schreitet der Mann, seine
Pfeife im Munde, rüstig voran, das Weib in Demuth
hinter ihm drein. Von einer gesellschaftlichen Stellung
des Weibes kann unter solchen Umständen nicht
wohl gesprochen werden. Kommt ein Frember in's
Haus, so sind Frau und Töchter die Dienerinen, denen
es nicht beifällt sich in die Gespräche der Männer zu
mischen, an einem Tisch mit ihnen Platz zu nehmen,
oder sich überhaupt in Gegenwart derselben auf einen Sitz
niederzulassen. In manchen Gegenden, wie im Fürsten-

thum Serbien, find Frau und Töchter die Begrüßerinen
die dem Eintretenden, nachdem sie ihm ehrerbietig die
Hand geküßt, den Willkommstrunk reichen. Dann
setzen sich die Angekommenen nieder und laffen sich ihre
Füße waschen, was entweder die jüngste oder die älteste
verheiratete Tochter des Haufes thut; wer sich dem ent=
ziehen wollte, dem würde es ausgelegt werden als ob
er die dargebotene Höflichkeit geringschätze. Anderswo,
wie in der wohlhabenderen bocchesischen Gemeinde
Dobrota, leben die Frauen und Töchter abgeschloffen
von aller Welt, ziehen sich zurück wenn männlicher
Besuch kommt; selbst unter sich von einem Haufe zum
andern sehen sie einander selten. Das alles mahnt an
orientalische Sitte, wie denn der christliche Südslave,
gleich seinem Stammesbruder Muslim, es sich nicht
beifallen laffen wird sich bei einem begegnenden Freunde
geradezu nach der Frau des Haufes zu erkundigen; er
fragt nach der Gefundheit, nach den Kindern, nach
„dem übrigen".

Wie jedes Ding feine guten und feine schlechten
Seiten hat, so ist es auch hier. Das Weib ist dem wilden
Sohne der Berge heilig. Bei den Gränzkriegen, die es
früher befonders im Landstriche der dalmatinischen Paftro=
vicen so häufig gab, konnten die Hausfrauen ihren Männern
während des Kampfes ruhig Speise und Trank bringen

ohne zu befürchten, daß sich das Rohr des feindlichen Crnagorcen auf sie richte. Wie heftig und andauernd auch die Blutrache zwischen den Geschlechtern wüthete, die Weiber der beiderseitigen Familien lebten unterein= ander in Frieden und Verkehr. Das südslavische Weib verblüht und altert schnell, was bei dem Umstande, daß es die zwei Theile des biblischen Fluches, das „mit Schmerzen gebären" und das „im Schweiße des Ange= sichts sein Brod verdienen" fast allein auf sich nehmen muß, nicht wundernehmen kann. Aber die Mädchen sind schön, sind ein Gegenstand der Poesie und Romantik für die Jünglinge, wie denn in frühern Zeiten die Entführung des geliebten Mädchens allgemeiner Ge= brauch unter den Crnagorcen war. Die neuere mon= tenegrinische Gesetzgebung hat diese Sitte, die otmica, gleich der Blutrache verpönt; ob das Verbot niemals übertreten wird kommt in Frage.

Das südslavische Weib ist züchtig und sittsam. Wenn in den nördlichen Alpenländern das Mutter= werden vor dem Frauwerden gar nichts seltenes, in manchen Gegenden sogar gang und gäbe ist, so kommt etwas dergleichen bei den Südslaven fast nie vor. Auch bei unsern Dalmatinerinen gehören uneheliche Geburten, und gar Kindesmord zu den seltensten Fällen. Die Volkssitte war in diesen Punkten unerbittlich. Ein

Mädchen in der Zupa, das sich verführen ließ, wurde
von den Angehörigen der Familie getödtet; aber auch
ihr Verführer verfiel blutiger Rache. Bei den Bocchesen
war noch zu Anfang des Jahrhunderts die Steinigung
darauf gesetzt; in der Regel war es der eigene Vater
der den ersten Stein aufhob und auf sie schleuderte.
In der benachbarten Hercegovina wurde die Sünderin
in einen Sack gebunden und in's Wasser versenkt.
Auch in diesem Punkte mögen sich seitdem die Gebräuche
gemildert haben; daß in unserm Dalmatien derartiges
heute nicht mehr vorkommen kann, braucht nicht gesagt
zu werden. Aber die rigorose Auffassung des Vergehens
und die erbarmungslose Verdammung desselben ist die=
selbe wie früher. Ebenso steht es mit dem Ehebruch,
der in den schwarzen Bergen ein fast unbekanntes
Ding ist.

XI

Bildungskeime.

———•◆•———

So sehr dem Crnagorcen Waffen und Krieg zur zweiten Natur geworden sind, so würde man doch fehl gehen wenn man meinte — wie dies in West=Europa häufig vorkommt — daß er sich in diesen Zuständen gefalle, daß er sich nicht nach bessern hinaussehne, wo er gleich dem Franken etwas lernen und sich bilden könnte. Sein wildes blutiges Treiben ist mit nichten sein Stolz, es erscheint ihm als aufgedrungene Nothwendigkeit.

Niemand sah dies klarer ein als der Vladika Peter II. Er war für seine Person ein feiner Mann, der seine Erziehung in St. Petersburg genossen und auf Reisen

in die westlichen und nördlichen europäischen Länder viel
gelernt und erfahren hatte. In Venedig war er häufiger
und gern gesehener Gast. Er sprach leicht und gefällig
und liebte den Verkehr mit gebildeten Fremden. In
seiner Heimat ist er als Dichter aufgetreten, wo er
mitunter, man möchte sagen in Lord Byron'schem Geiste
und mit dessen Bilderreichthum, europäisches Leben und
Wesen schildert und oft auch geißelt. Als Dr. Lambl
eines Tages mit ihm über das rauhe Treiben der
Crnagorcen zu sprechen kam, sagte der Vladika: „Wie
ist da zu helfen? Lebend kommen wir nicht in den Himmel
und hier auf Erden gibt es niemand, der auf uns hört
und uns beisteht: wir können uns auf nichts verlassen
als auf unsere treuen Arme und unsere harten Berge!"
„Wenn ich Türke wäre", sagte er ein andermal, „wüßte
ich wohl, wie ich mit meinen Kräften und Gaben
wuchern könnte; aber wir Slaven sind arme Schlucker,
die einen in geistigen, die andern in leiblichen Fesseln.
Wir sind die Neger in Europa, ja wir sind schlimmer
daran als die afrikanischen Schwarzen; denn um diese
nehmen sich die Engländer an, daß sie nicht als Sclaven
verkauft werden; um uns kümmert sich niemand."
Gleichwohl brach mit demselben Vladika Peter ein neues
Zeitalter für die Crnagorcen an, die er zuerst mit west=
europäischer Bildung bekannt zu machen suchte. Er

führte eine geordnete Verwaltung und Gerechtigkeits=
pflege ein; er gründete die erste Volksschule in Cetinje
und legte ebenda eine Büchersammlung an; er war be=
dacht den Zustand der Bergstraßen zu verbessern. Daß
er sein Streben darein setzte, die Sitten seiner rauhen
Natursöhne zu mildern, wurde früher erwähnt; an die
Stelle der verheerenden Blutrache sollte die Klage vor
Gericht treten.

Die weltlichen Nachfolger des letzten Vladika von
Montenegro haben die von ihm eingeschlagene Bahn
weiter verfolgt. Für Schulen und Unterricht geschieht
mit jedem Jahre mehr, und heute gilt es nicht mehr
so allgemein, was in der zweiten Hälfte der vierziger
Jahre der Vojvode Andrija Perović sagte: „Wir können
nicht lesen und schreiben; unsere Jungen müssen bei den
Waffen sein, nicht bei den Büchern".

*　*　*

Unter den Gewährungen, welche die oft wieder=
holten Manifeste der Pforte, die Proclamationen und
Friedensanbote Omer Pašas 2c. aussprachen, befand sich
regelmäßig die, daß es der Rajah gestattet sein solle,
sich Schulen zu errichten, und in einigen Theilen der
Hercegovina, besonders in den abgelegenen an die Crna=
gora gränzenden, nahmen die Christen eifrig Besitz von

dieſer vordem ungekannten Wohlthat, in deren Genuß
ſie fortan, mindeſtens theilweiſe, blieben. Nicht ſo,
vor noch ganz kurzer Zeit, in den größeren Städten
unter den Augen der türkiſchen Behörden, und in der
ſo ſtark vertürkten Bosna. Auch hier wollte die Rajah
ihrer Jugend nützliche Kenntniſſe beibringen laſſen,
und da ſie keine einheimiſchen Schulbücher hatte, ver=
ſchaffte ſie ſich dieſelben aus dem benachbarten Fürſten=
thum, bis der türkiſche Machthaber darauf aufmerkſam
wurde und die Waare, unter dem Vorwand daß ſie
aufrühreriſchen Zündſtoff enthalte, zu tauſenden von
Exemplaren aufgreifen und vernichten ließ. Eine Buch=
handlung, die in Sarajevo eröffnet worden, die einzige
in der ganzen Provinz, mußte auf Osman Paſas Be=
fehl geſperrt werden. Zeitweiſe milderte ſich der Druck,
aber es tauchten immer wieder Hinderniſſe auf, die
eine freie Entfaltung des Schulweſens nicht aufkommen
ließen.

Der Trieb, ſich zu bilden, darin ſtimmen alle
Kenner der ſüdſlaviſchen Zuſtände überein, iſt eben ſo
vorhanden wie die Befähigung dazu. In den Gränz=
gegenden ſandten bis in die allerjüngſte Zeit bosniſche
Familien ihre Kinder in Schulen des Fürſtenthums
Serbien. Kanitz ſah in den ſechziger Jahren in den
Bänken von Raſka, nördlich von Novipazar, „die

lebenden, am deutlichsten sprechenden Proteste" gegen die von manchen Seiten erhobene Anschuldigung, daß die Rajah ohne jeglichen Belehrungsdrang sei, nach Errichtung von Bildungsanstalten kein Verlangen trage! Aus dem Fürstenthum selbst erzählt Kaniß als Augenzeuge einen rührenden Zug, wie ein Bauer mit seinem Söhnlein nach Jagodina gekommen sei und den Erlös für zwei riesige Eichenstämme, die er wohl mehrere Stunden weit mit seinen Ochsen auf den Markt geführt, für ein kleines Lesebuch hingegeben, das er seinem hoffnungsvollen Sprößling mit der Mahnung eingehändigt habe, den so theuer erworbenen Schatz ja recht zu hüten. Von der natürlichen Anlage und Bildungsfähigkeit der Leute gibt der Preuße Franz Maurer ein Beispiel, wo ihn in Prjedor, als er ein Feuer verlangte um sich seine Pfeife anzuzünden, der Handžija belehrte: er müsse sagen „daj mi vatre" wenn er wolle daß man ihm Feuer gebe, dagegen „vatra" wenn er blos sagen wolle: das Feuer; der Mann fühlte also, bemerkt Maurer, sehr wohl den Unterschied von Accusativ und Nominativ heraus. Dem Dr. Otto Groß, der in der zweiten Hälfte der sechziger Jahre das westliche Bosnien durchreiste, zeigte man in einer Schule nächst der österreichischen Gränze, in der Gegend von Bihać, Probeschriften von Mädchen, die erst seit vierzehn Tagen

Unterricht genossen hatten und über deren Fortschritte
man staunen mußte; auch versicherte ihn sowohl der
Pfarrer als der Lehrer, letzterer ein ehemaliger öster=
reichischer Officier, wie talentvoll und strebsam die
Kinder seien die zur Schule kommen.

Der Pfarrer war Franziskaner, die sich, von der
ersten Zeit der türkischen Herrschaft an, einer gewissen
Duldung zu erfreuen hatten und noch vor ganz kurzer
Zeit überhaupt die einzigen waren, die den bosnischen
und hercegoviner Katholiken die Sacramente spendeten,
das Wort Gottes verkündeten, und wo es die Umstände
gestatteten, namentlich in ihren Klöstern, Unterricht er=
theilten. Sie standen selbst bei der muhamedanischen
Bevölkerung in Ansehen, die sich nicht selten bei ihnen
Rathes erholte. Allerdings sind diese süd=slavischen Jün=
ger des heiligen Franziskus von Assisi etwas andere
Bursche als ihre Ordensbrüder in unsern Gegenden.
Sie bilden einen neuen Beleg, wie elastisch sich die
katholische Kirche und deren Organe, ohne von dem
Wesen ihrer heiligen Sache das geringste abzulassen,
den Lebensbedingungen in verschiedenen Landstrichen und
bei verschiedenem Volke anzuschmiegen wissen. In mir
ist aus der Zeit, da ich in unserem Unterrichts=Mini=
sterium wirkte, noch heute das Erstaunen lebendig, als
mir eines Tages ein paar Franziskaner aus dem dal=

matinischen Kloster Sinj, es waren Gymnasial=Leh ramts=
Candidaten, gemeldet wurden, und ich nun drei Ge=
stalten hereintreten und sich vor mich hinstellen sah, die
der Leib=Compagnie jedes Potentaten, der auf schöne
hochgewachsene Leute etwas hält, Ehre gemacht haben
würden. Nun gehe aber einer nach Bosnien! Da
siehst Du einen stattlichen Mann, den türkischen Fez
auf dem Haupte, einen martialischen Schnurrbart unter
der Nase, Pistolen im Gürtel, auf einem prachtvollen
Schimmel einhersprengen, und nur die hochaufflatternde
Kutte verkündet Dir, daß Du einen vom demüthigen
Orden der Bettelmönche vor Dir hast.

Die Franziskaner im Gebiete der Bosna und
Narenta vertraten daselbst bisher das Element der
Bildung und Gesittung. Was sich davon unter den
Katholiken des Landes durch die Jahrhunderte von
Druck und Pein erhalten hat und was davon in neuester
Zeit sich spärlich und kümmerlich genug zu entwickeln
begonnen hat, ist ihr Werk. Ihre Ordensaufzeichnungen,
ihr „Schematismus" gehören zu den wichtigsten Quellen
der heutigen Landeskenntnis, wie einer aus ihrer Mitte,
der früher genannte Jukić, als der eigentliche Begründer
der neueren bosnischen Geschichte, Volks= und Landes=
kunde angesehen werden muß. Jukić hatte seine frühern
Studien in Agram durchgemacht, andere wurden zur

Ausbildung nach Djakovo in Slavonien, oder nach Pest, in frühern Zeiten auch an italienische Hochschulen, nach Bologna ꝛc. geschickt, wo sie zugleich fremde Sprache und Sitte kennen lernten. Der wohlthätige Einfluß, den die Franziskaner auf ihre geistig Schutzbefohlenen geübt, äußert sich in der auffallenden Ordnung und Sauberkeit, welche in bosnischen Städten jene Quartiere auszuzeichnen pflegt, wo die Franziskaner ihren Sprengel haben. Als unsere tapfern Soldaten in das blutig erkämpfte Sarajevo einmarschirten, erstaunten sie über die „außerordentliche wahrhaft holländische Reinlichkeit innerhalb der Christenhäuser. Buchstäblich vom Dach bis zum Keller wurde am Samstag alles gescheuert, selbst das Pflaster vor den Häusern gewaschen. Das Holzwerk ist die Sauberkeit selbst, die Wände fleckenlos und frisch getüncht, die Höfe mit Blumenbeeten geziert, die Fensterscheiben klar und rein, in den Küchen alles spiegelblank. Auch die äußere Erscheinung der christlichen Bewohner zeichnet sich durch Kleidsamkeit und Reinlichkeit, mitunter selbst durch Kostbarkeit aus. Im weiblichen Geschlecht ist die Zahl der regelmäßigen südlichen Schönheiten vorherrschend". So der halbamtliche Bericht. . .

Die Geschichte erzählt, daß Sultan Mahmud II. nach der Eroberung des Landes, „fürchtend es könne ihm menschenleer werden", den damaligen Vorstand des Klosters von Fojnica Angelo Zvidović in sein Feld= lager bei Milodraž berufen und ihm daselbst einen Firman ausgestellt habe, At=Nameh genannt, laut dessen dem Orden und den Katholiken Schutz Sicherheit und freie Ausübung ihres Glaubens, dem Orden insbesondere Freiheit von allen Steuern und Brandschatzungen zu= gesichert wurden. Die Brüder waren für ihre Person vom Harač, der Kopfsteuer, ausgenommen und damit über die Rajah gestellt; als man ihnen letzterer Zeit diese Exemtion streitig machen wollte, riefen sie den Schutz der österreichischen Regierung an, die zu ihren Gunsten ihr wirksames Fürwort einlegte. In der wüsten Zeit der ersten türkischen Eroberung waren vierzig katholische Klöster und bei hundertfünfzig Kirchen ein Raub der Flammen geworden; nur drei der erstern waren seither aus ihrem Schutt wieder aufgebaut, eine geringe Anzahl von Pfarren gerettet worden, die sich in der ersten Hälfte dieses Jahrhunderts nach und nach bis auf einunbvierzig vermehrten. Von dieser Zeit, wo das k. k. General=Consulat an Ansehen gewann, stieg die Zahl der ordentlichen katholischen Pfarren auf vier= unbachtzig, wovon dreiunbsechzig in Bosnien, einund= zwanzig in der Hercegovina; die drei Franziskaner=Klöster Fojnica Kreševo und Sutiska wurden erweitert und ver=

schönert, ein viertes kam dazu, Gučja gora nächst Trav=
nik, seit 1857 neu aufgebaut.

In den von den kaiserlichen Consular=Sitzen ent=
fernteren Gegenden, inmitten einer fanatisch=islamitischen
Bevölkerung, sah es allerdings mit der den Katholiken
feierlich verbrieften Cultus=Freiheit mitunter eigens aus,
und es war oft schwer zu entscheiden, wo sich die
Gränze zwischen Duldung und Verfolgung hinzog. Da
war von dem Baue einer Kirche, in einer noch so be=
scheidenen, ja fast unwürdigen Weise, von einem Zu=
sammenrufen zu gemeinsamem Gottesdienste, und sei es
auch mit dem Klöppel auf dem Alarmbrett, keine Rede.
Die zerstreute Gemeinde mußte froh sein, wenn von
Zeit zu Zeit ein opferwilliger Wanderpriester in der
Verkleidung eines Arztes Bauern Kaufmanns erschien,
dessen Ankunft dann von Haus zu Haus bekannt ge=
macht wurde; kam zufällig ein Türke in das Haus oder
wurde sonst der Unterstandsgeber über den Fremdling
befragt, so hieß es: „ein Vetter — ujak" sei zu ihm
auf Besuch gekommen. Aber auch diese Ujaks — der
Name blieb in jenen Gegenden den katholischen Priestern
bis in die allerjüngste Zeit — waren Franziskaner,
die sich auf Grund des At=Nameh Mahmud II. das
ausschließliche Recht zuschrieben, den katholischen Cultus
in Bosnien und in der Hercegovina auszuüben, wie

denn auch die Bischöfe von Brestovsko, zwischen Visoka und Jehovać, von Mostar mit dem Sitze im Kloster Široki brig und von Trebinje (Ragusa) in der Regel diesem Orden entnommen wurden.

* * *

Neuester Zeit hat neben den Franziskanern ein anderer Orden in Bosnien Platz gefunden und einen nicht minder heilsamen Einfluß auf die Bevölkerung zu üben begonnen. Es sind die Trappisten, die in unserm Jahrhundert unter Umständen etwas ähnliches zu leisten versprechen, was in frühern die Benediktiner für Ent= wilderung von Land und Leuten zu wirken verstanden.

Man wird diesen Vergleich nicht so ungerecht= fertigt finden, wenn man erwägt, daß die Trappisten nach der Bestimmung ihres Stifters unter anderem die Aufgabe haben, unbewohnte und unbebaute Gegenden der Cultur zugänglich zu machen. Ferdinand von Hell= wald, der ihr Wirken in einer der fiebergefährlichen Gegenden der römischen Campagna zu beobachten Ge= legenheit hatte, erzählt, daß sie in ihrer Abtei delle tre Fontane mit der Einführung einer neuen Pflanze, des australischen blauen Gummibaumes = Eucalyptus globulus, begannen, was bald von den benachbarten Gutsbesitzern, denen sie auf Verlangen junge Stämme

abgaben, nachgeahmt wurde. Derselbe hat bei einem
ungemein raschen Wachsthum die Eigenschaft, durch seine
Wurzeln die Bodenfeuchtigkeit reichlich aufzusaugen,
während seine Blätter einen kampferartigen balsamischen
Geruch ausströmen, beides geeignet, einer Fiebergegend
die schädlichen Miasmen zu entziehen, die gemiedene
Malaria in eine Buonaria umzuwandeln. Als die
Trappisten 1868 nach den tre Fontane kamen, wütheten
die Fieber in dieser ganz besonders verrufenen Gegend
in solchem Grade, daß die Mönche zur Sommerszeit
allnächtlich sich nach Rom begaben, um erst am nächsten
Morgen in ihre Ansiedlung zurückzukehren. Im
Sommer 1875, wo sie bereits über tausend Bäume
gepflanzt hatten von denen die ältesten über zehn Meter
hoch waren, konnte der Abt ihnen schon frei stellen,
in der vordem so gefährlichen Zeit in Rom zu über=
nachten oder im Hause zu bleiben, welches letztere, da
die zurückgebliebenen Genossen ganz fieberfrei blieben,
seither zur ausnahmslosen Regel geworden ist. „Unter
allen Umständen darf das Klosterwesen“, so schließt Herr
von Hellwald seine Betrachtungen, „wenn auch auf be=
scheidenem Gebiete, auf eine Leistung pochen, die unsere
fortgeschrittene und aufgeklärte, aber vielfach im Netze
der Phrase sich bewegende Gegenwart bisher unvoll=
bracht gelassen hat.“

In Bosnien haben nun die Mönche dieses betrieb=
samen Ordens, die Benediktiner des neunzehnten Jahr=
hunderts, ein neues Feld ihrer Thätigkeit gefunden.
Die ärmliche Kost und strenge Lebensweise, ihr ein=
faches ernstes Wesen eignet die Trappisten ganz be=
sonders zu Wohlthätern einer unter Noth und Be=
drückung aufgewachsenen Bevölkerung, welcher andrerseits
der unverdrossene eiserne Fleiß, womit der Trappist heute
wie gestern und morgen mit gleicher Ausdauer an
seinem Werke ist, um Wege zu bahnen, Felder Wiesen
Nutzgärten Baumschulen herzustellen, unbekannte Ge=
werbszweige einzuführen, erst Staunen einflößt und bald
als ein ihrer folgsamen Nachahmung würdiges Beispiel
vorleuchtet. Auch ist dasselbe in der That nicht ohne gute
Folgen geblieben. Heute schon sind um das Kloster
„Maria Stern" in der Nähe von Banjaluka mehr
als hundert Joch Landes urbar gemacht, in vortreffliche
Aecker und Wiesen umgewandelt worden; die Landleute
veredeln ihre Obstbäume, wozu sie die Edelreiser im
Kloster holen; schon geht man damit um einen Wein=
berg anzulegen, woran bisher, da dem Muslim der Ge=
nuß des Weines verboten ist, nicht gedacht werden
konnte. Eine der ersten Anstalten, welche der Orden
in's Leben gerufen, war ein Waisenhaus, das trefflich
gedeiht. Die muntern frischen Jungen hängen mit

kindlicher Liebe und Ehrfurcht an ihren Lehrern, die für
ihre junge Welt nützliches mit heiterem wechseln lassen.
Auf Unterricht in den Schulbänken folgt Arbeit in den
verschiedenen Werkstätten; da sieht man kleine bosnische
Schmiede Schlosser Wagner Tischler Weber Müller
Gärtner; andere helfen den Maurern oder finden im
Felde, auf der Wiese, im Garten Beschäftigung, je nach
Fähigkeit und Neigung jedes Einzelnen. Im Sommer
gibt es Bad im nahen Fluße, längere Ausflüge in Berg
und Wald. Auch eine Schule für „Externe", wie wir
hierzulande sagen, haben die Trappisten eröffnet die an
Sonntagen Nachmittags gehalten zu werden pflegt. Es
bietet, wie uns ein Berichterstatter im Wiener „Vater=
land" beschreibt, einen komischen Anblick, schnurrbebartete
Männer von zwanzig bis vierzig Jahren in den sonst
für die Waisenkinder bestimmten Bänken sitzen und mit
ernsten Mienen in das ABC= und Lesebüchlein blicken
zu sehen, das ein Trappisten=Bruder — bratja · nennen
sie sich unter einander, und so nennt sie auch der Bos=
nier — ihrem harten Gedächtnis einzuprägen sich be=
müht. Eben zogen die Waisenkinder in guter Ordnung
an dem Fenster vorüber, was einem der alten Studenten
den Stoßseufzer auspreßte: „Hätten wir vor zwanzig
Jahren das Glück gehabt wie die Jungen da, so
brauchten wir uns jetzt nicht so zu plagen!" Ein

Krankenhaus, das in diesem Augenblicke zu Ende ge=
baut sein dürfte, und eine sich daran schließende Bade=
anstalt vollenden die Reihe jener Einrichtungen durch
welche die frommen Väter für das geistige und leibliche
Wohl ihrer benachbarten Glaubensgenossen, aber auch
für Hebung der äußern Lebensbedingungen derselben,
für landwirthschaftlichen und gewerblichen Fortschritt
zu wirken sich zum Ziele gesetzt haben.

Noch befindet sich ihre Ansieblung „Maria Stern"
bei weitem nicht in jenem Stadium, wo sie der
pecuniären Beihilfe entrathen könnte die ihr namentlich
aus Oesterreich, Se. Majestät den Kaiser an der Spitze,
in reichlichem Maße zu Theil wird, und schon haben
sie, so heißt es, ihre Blicke auf Gründung einer zweiten
im südlichen Bosnien gerichtet. Jeder Menschenfreund,
jeder dessen Herz bei dem Anblick des namenlosen Druckes
und Elendes, unter welchem die bosnische und herce=
goviner Rajah Jahrhunderte lang zu schmachten hatte,
nicht ungerührt bleibt, muß ihrem Beginnen Heil und
Segen wünschen!

XII

Die verschiedenen Elemente der Bevölkerung.

—⬥—

Die militärische Eroberung der Bosna und Hercegovina, welche unsere Armee, auf deren Leistungen jeder Oesterreicher mit stolzer Befrie-
digung, mit theilnahmsvoller Bewunderung zu blicken
Ursache hat, in fortschreitendem Umsichgreifen vollzieht,
ist gleichwohl nur ein Theil der Aufgabe die wir in
jenen Gebieten zu lösen haben. Wo die militärische
Eroberung aufhört hat die moralische anzusetzen. Dieselbe hat nach den Berichten aus Sarajevo, für dessen
städtische Verwaltung eine vorläufige Auskunft getroffen
worden, und vom Corps Jovanović, nachdem die Paci-
ficirung der Hercegovina wie es scheint ihren Abschluß

gefunden, theilweise bereits begonnen, und wird von nun
an überall angeknüpft werden wo es der Soldat dahin
gebracht hat, daß er seinen Tornister abschnallen und
sein Gewehr in Ruhe setzen kann.

Es ist selbstverständlich, daß es bei der moralischen
Eroberung in erster Linie auf die Kenntnis und dem=
entsprechende Behandlung des Menschen=Materiales an=
kommt mit welchem man zu thun haben wird. Die
nationale Mischung ist in Bosnien und in der Herce=
govina, wie schon früher erinnert worden, eine ver=
schwindend kleine. Mit Ausnahme der von Sjenica
gegen Novipazar auslaufenden Landzunge, wo das alba=
nesische Element einen nennenswerthen Bestandtheil der
Einwohnerschaft bildet, kann die verhältnismäßig geringe
Anzahl von National=Türken Juden und Zigeunern
nicht hindern, das Land als ein durchaus slavisches,
und zwar einem und demselben Slavenstamme, dem
serbisch=croatischen angehöriges zu bezeichnen. Um so
größer ist die Verschiedenheit und territoriale Durch=
einandermengung in confessioneller Hinsicht.

Von den bosnischen Katholiken, welche deren muha=
medanische Stammesbrüder bisher herabsehend „muži“
genannt hatten, war so eben die Rede. Sie bilden den
kleinsten Bruchtheil der südslavischen Bevölkerung in
jenen Gebieten, aber für unsern Standpunkt den ver=

trauenswürdigsten. Sie haben zu keiner Zeit aufgehört nach „Cäsarien", nach dem „car austrijski" zu blicken, von ihm und dessen Kriegsschaaren Rettung aus ihrer Noth und Bedrängnis, aus der unmenschlichen und menschenunwürdigen Behandlung die sie erfuhren zu ersehnen. Auch hat Oesterreich seit mehr als einem halben Jahrhundert manches für ihre geistigen und religiösen Bedürfnisse gethan. Die Franziskaner und neuester Zeit die Trappisten, ihre Wohlthäter, ihre Lehrer und Tröster, haben sich von jeher verschiedenartiger Unterstützung von jenseits der Una und Save zu erfreuen gehabt. Den Katholiken des Landes können wir getrost die Waffen in die Hände geben, deren Schutz und Schmuck sie, Abkömmlinge eines so mannhaft schönen und starken Volksstammes, so lange Zeit entbehren mußten. Es wird ihr Selbstgefühl heben und ihnen Achtung und Ansehen in den Augen der Andern verschaffen.

* * *

Nicht ohne Mistrauen hat der zweite ungleich zahlreichere Bestandtheil der bosnischen Rajah, haben die Bekenner des griechischen Ritus unser Erscheinen im Lande begrüßt. Es ist bekannt, daß Hadži Loja von allem Anfang auf ihre Mitwirkung zählte. Die ortho=

doxen Handelsleute in Sarajevo sagten ihm in den
Tagen der Wirrnis feierlich zu, mit ihm und seinen
Muslims Hand in Hand gehen zu wollen. Freilich
hatte Furcht das meiste dazu gethan, wie bei den
jüdischen Kaufleuten, die große Summen unterzeichneten,
sich aber gleich darauf, um sie nicht zahlen zu müssen,
aus dem Staube machten. Auch hat das Gebahren der
Reicheren bei ihren eigenen Landsleuten nicht überall
Anklang gefunden. „Die orthodoxe Landbevölkerung",
berichtete General = Consul Bašić am 15. Juli dem
Grafen Andrássy, „lacht über die Allianz der hiesigen
orthodoxen Kaufleute mit den Muhamedanern, und er=
klärt daß die Kaufleute nur über sich selbst, aber nicht
über die Landleute verfügen können". Gleichwohl ist
es Thatsache, daß ein großer Theil der orientalischen
Christen unsern Truppen feindselig entgegengetreten ist,
ihnen an einzelnen Punkten einen kaum minder hart=
näckigen und erbitterten Widerstand entgegengesetzt hat
als die Muslims.

Unerklärlich ist diese Erscheinung keinesfalls. Die
Orthodoxen erblickten in Oesterreich nicht die christliche
sondern die katholische Macht. Nun hatten aber Katho=
liken und Orthodoxe einander bisher mit dem größten
Mistrauen, ja mit Geringschätzung und unverhohlener
Feindseligkeit angesehen. Dem Lateiner war die kyrillische

Schrift des Orthodoxen ein Greuel, wie Teufelsblend=
werk; dieser sah in jenem einen der römischen An=
maßung und Ketzerei verfallenen Knecht. Die bosnischen
Katholiken nennen den Erlöser Krst und bezeichnen sich
als Krstjani, die Griechen nennen ihn Hristos, das
H mit einem Kehllaut, und sich selber Hristjani,
spr. Christjani, oder Ristjani, und diese Bezeichnungen
galten gegenseitig auch als Verächtlichkeitsnamen. Bei
manchen der letzten Aufstände in der Hercegovina grif=
fen die Orthodoxen die Gehöfte der lateinischen Chri=
sten mit gleicher Erbitterung an wie die der Muha=
medaner. Das Einrücken unserer Truppen sahen sie
nicht ohne Argwohn, besonders wenn sie mancher Vor=
gänge aus früherer Zeit gedachten. Bei der zeitweiligen
Besetzung gewisser Theile des serbischen Gebietes in der
Eugenischen Zeit haben mancherlei Unions=Versuche eine
Rolle gespielt, die den Kaiserlichen die bei ihrem Ein=
rücken rasch erworbenen Sympathien der überwiegend
orientalisch=christlichen Bevölkerung bald wieder entzogen,
so daß mehr als einmal, wie früher erwähnt, ein großer
Theil der Rajah sich den heranziehenden türkischen Heeren
anschloß, weil sie unter österreichischem Scepter eine
gewaltthätige Ueberführung zu einem Ritus fürchteten
der ihren Anschauungen und althergebrachten Glaubens=
begriffen widerstrebt. Vor einer Wiederauffrischung jener

16*

Vorgänge werden wir uns daher jetzt sorgfältigst zu
hüten haben. Jede Proselytenmacherei, jede die andern
Theile kränkende Begünstigung und Bevorzugung in
katholisirender Richtung muß streng ausgeschlossen blei=
ben. Die Bekenner des orientalischen Ritus werden
erkennen lernen, daß uns ihr geistiges Wohl, ihre con=
fessionellen Wünsche und Bedürfnisse in gleichem Grade
am Herzen liegen wie jene ihrer katholischen Stammes=
brüder. Wenn wir letztern die Waffen ohne Säumniß
in die Hände geben, mit deren Gestattung wir den
Orientalen gegenüber etwas vorsichtiger werden sein
müssen, so wird ihnen klar zu machen sein, daß es nicht
confessionelle Rücksichten seien die uns dabei leiten, son=
dern die verschiedene Haltung welche die Bekenner des
einen und die des andern Ritus unserem bewaffneten
Einmarsch entgegengebracht haben, und daß es nur von
ihrem Vertrauen erweckenden Benehmen, von der rück=
haltlosen Gesinnung, mit der sie sich uns anschließen,
abhängen werde, sie ihre nationale Wehr und Zier
wieder tragen zu lassen.

Die orientalische Rajah des Bosna= und Narenta=
Gebietes stand bisher auf einer niedrigeren Stufe der
Bildung als die lateinische. Das war nicht ihre Schuld,
sondern entsprang aus der kaum glaublichen Unbildung
ihrer eigenen Seelenhirten und aus dem nur auf zeit=

lichen Gewinn abzielenden Gebahren ihrer phanario=
tischen Kirchenfürsten. Ihre Klöster vollends waren
Brutstätten des crassesten Aberglaubens, die Ignoranz
ihrer Mönche stand wo möglich auf einer noch tiefern
Stufe als die ihrer Popen. Die einen wie die andern
konnten häufig nicht einmal lesen; man hatte ihnen die
Gebet= und Redeformeln, deren sie zur Abhaltung des Got=
tesdienstes bedurften, eingewerkelt, die sie nur aus dem
Gedächtnisse ohne irgend ein tieferes Verständnis der=
selben herableierten. Wie konnte es auch anders sein? Ver=
nehmen wir das Bekenntnis, das ein bocchesischer Pope
unserem Lambl machte, auf welche Weise er zu seiner
Priesterwürde und seinem Seelsorger=Posten gekommen!
„Ich weiß, Herr, daß Du Dir denkst ich sei als Pfarrer
etwas anderes, etwas höheres als meine übrigen Lands=
leute. Das bin ich durchaus nicht, ich weiß und ver=
stehe nicht das geringste mehr als sie. Ich habe bis
in mein achtzehntes Lebensjahr das Vieh meines alten
Oheims in der Crnagora gehütet und bin vor drei
Jahren als Maurer nach Konstantinopel gewandert,
mit denselben Leuten die alljährlich dahin in Arbeit
gehen. Wir reisten damals über Land an dem Dječaner
Kloster vorbei und durch Rumelien, und nach fünfund=
zwanzig Tagen waren wir an Ort und Stelle bei
unsern Brüdern. Nach einem Jahre starb unser Pope,

und die Maurer kamen unter sich überein, einer aus
ihrer Mitte müsse sich zum Popen machen lassen. Die
Wahl fiel auf mich weil ich noch jung genug war
um das Evangelium lesen zu lernen, und das ist
mein ganzes Wissen das ich vor ihnen voraushabe.
Bald darauf kehrte ich zu Schiffe in meine Heimat
zurück und bin jetzt Pope hier in der Gemeinde
die aus ungefähr achtzig Zugehörigen besteht. Sage,
Herr, dem Kaiser, er möchte für uns sorgen, damit wir
auch Schulen bekommen, uns bilden und Andern gleich
werden können. So wie ich sind beinahe alle übrigen
Popen hierzulande, fast keiner hatte Gelegenheit etwas
zu lernen" . . .

Der letzte Theil dieser Rede könnte zu dem Irr=
thume führen, als ob inner den Gränzen unseres Kaiser=
staates für die geistigen Bedürfnisse der Griechisch=
Orientalen, und namentlich ihrer Geistlichkeit nicht
gesorgt würde, was durchaus nicht der Fall ist. In
allen Ländern wo Bekenner dieses Ritus wohnen,
in Dalmatien, in Ungarn und Siebenbürgen, in der
Bukovina gibt es seit langem Anstalten zu ihrer
höhern Ausbildung, in Černovic besteht sogar eine
theologische Facultät für sie. Dessenungeachtet ist es
Thatsache, daß die Geistlichkeit des orientalischen Ritus
im Durchschnitte an Wissen und Bildung weit hinter

jener des lateinischen zurückfteht, und auch heute noch
ift es in Diöcefen, denen nicht ein aufgeklärter und
energischer Kirchenfürft, wie etwa der verftorbene
Schaguna, vorfteht, nicht ausgeschloffen, daß Leute
fo zu fagen vom Pfluge weg zu Popen gemacht wer=
den. In Bosnien und der Hercegovina war aber Regel
was bei uns nur Ausnahme ift, und wenn unfer Ge=
währsmann offen geftand, das Lefenkönnen des Evan=
geliums fei das einzige woburch er fich als Seelenhirt
von den ihm anvertrauten Schäflein unterscheide, fo war
in jenen Gebieten nur zu häufig felbft diefer geringe
Unterschied nicht zu finden. Die phanariotischen Bischöfe
oder Vladiken waren am wenigften darnach, fich um den
Bildungsgrad derer zu kümmern, die fie über eine ihrer
Kirchengemeinden fetzten. Die Pfründen wurden ver=
kauft; wer den ausgefetzten Preis zahlte und fich außer=
dem verbindlich machte, dem Vladika jährlich die ver=
langte Summe abzuführen, der wurde zum Popen
gemacht, wenn er auch früher Schweine gehütet und
fich kaum ein nothbürftiges Wiffen angeeignet hatte.
Daß dann der Pope, um felbft zu leben und mehr noch,
um feine Kirchenobern in Saus und Braus leben zu
machen, feine Pfarrlinge schund und auspreßte was nur
möglich war, während der geiftliche Troft den er ihnen
fpendete fich auf ein Minimum beschränkte, war be=

greiflich). In der jüngsten Zeit ist allerdings ein An=
lauf zum bessern gemacht worden. In Sarajevo und
Mostar hat man Normalschulen, in ersterer Stadt auch
ein Gymnasium, alles nach österreichischem Muster
eingerichtet; daneben gesonderte Mädchenschulen. Doch
im übrigen bestanden im weitaus größten Theile des
Landes die alten Mißbräuche fort. Wo die Katholiken
in ihrer Geistlichkeit dankbar ihre Vertreter, ihre Tröster,
ihre Beschützer erkannten, hatten die Griechen ihre sein
sollenden Seelenhirten häufig genug nur zu verwünschen.
Von der höhern Geistlichkeit, meist unmittelbaren Send=
lingen aus dem Phanar, versicherten Kenner der bosnisch=
hercegoviner Zustände noch in der allerjüngsten Zeit,
daß das schlechteste was man ihnen nachrede noch lang
nicht genug ihre Schlechtigkeit schildere; daß sie mit=
unter von einer widernatürlichen, geradezu scheuslichen
Lasterhaftigkeit seien, wovon ganz unglaubliche Dinge
im Munde der Leute herumliefen u. dgl. m. Der
niedere Pope hatte einmal nicht das Geld einen so
sündhaften Lebenswandel zu führen, und dann stammte
er zumeist aus dem Lande selbst, unter dessen christlicher
Bevölkerung Ausschweifungen von jeher zu den größten
Seltenheiten gehörten. Nur das „Blutsaugen“, das
Erpressen von Geld und Geldeswerth, unter den ver=
schiedensten Titeln und bei jedem möglichen Anlasse,

hatte er mit seinen kirchlichen Obern gemein, ja war dazu durch die unersättliche Habsucht derselben ge= zwungen.

Diese jämmerlichen Zustände waren es, welche die orientalische Rajah zu wiederholten Bitten in Stambul, aber auch an unserem Kaisersitze trieben: man möchte sie von den Senblingen des konstantinopolitanischen Phanar befreien und ihnen gestatten, sich Pfarrer und Bischöfe ihrer Nationalität aus österreichischen Diöcesen zu ver= schaffen. Das ist nun ein Punkt, auf welchen unsere civile Occupation ein vorzügliches Augenmerk wird richten müssen. Die Sache wird sich nicht über's Knie brechen lassen, sie wird aber, mit umsichtiger Thatkraft angefaßt, auch nicht zu lange Zeit zu ihrer Durchführung brauchen. Einmal in's Werk gesetzt, wird sie einen doppelten Vor= theil mit sich bringen: den Priesterstand der orienta= lischen Kirche und durch diesen die Bekenner derselben auf eine höhere Stufe heben, und unserem moralischen Einfluß auf den der Kopfzahl nach bedeutendsten Be= standtheil der besetzten Gebiete eine neue und sichere Handhabe bieten.

Wie wäre nun diese hochwichtige Angelegenheit einzuleiten? Mir scheinen Anlaß und Mittel dazu sehr nahe zu liegen. Aus den geschichtlichen Vorgängen er= gibt sich:

daß es einstmal, durch eine lange und ruhmwürdige
Zeit, ein einheimisches Patriarchat gr. r. für
den gesammten serbischen Stamm gegeben hat,
das von Peć oder Ipek —

daß dieses Patriarchat vor nahezu zweihundert
Jahren auf unsern österreichischen Boden über=
tragen worden ist und zu Karlovic, im ehe=
maligen Peterwarbeiner Militär = Gränzbezirke,
eine neue Stätte gefunden hat —

daß endlich die bosnisch=hercegoviner Griechisch=
Orientalen, namentlich jene von Alt=Serbien,
um Wiederaufrichtung des Patriarchates von
Peć gebeten haben.

Einer solchen Wiederaufrichtung aber bedarf es
nicht. Denn das Patriarchat von Peć ist da und hat nie
aufgehört da zu sein, wenn auch der kirchlich=admini=
strative Zusammenhang mit dessen unter türkischem Joche
verbliebenen Angehörigen unterbrochen worden ist. Es
muß unsererseits daran festgehalten werden, und ist ge=
schichtlich und kirchenrechtlich in unanfechtbarer Weise
darzuthun, daß die heutigen Metropoliten, resp. Patriar=
chen von Karlovic die einzigen und wahren Nachfolger
der einstigen Patriarchen von Peć sind, daß der kirchen=
fürstliche Sitz von Karlovic die ächte und rechte Ver=
körperung des Pećer Patriarchenstuhles ist.

Wie von diesem entscheidenden Gesichtspunkte aus die große Angelegenheit anzufassen und durchzuführen sei, gehört nicht hierher. Daß jedenfalls das erste sein wird, sich mit dem derzeitigen Inhaber des Metropolitan=sitzes von Karlovic als dem Rechtsnachfolger der voran=gegangenen Pećer Patriarchen und Vergegenwärtiger ihres Amtes und ihrer Würde in das gehörige Ein=vernehmen zu setzen, ist selbstverständlich.

* * *

Wie werden wir mit den zahlreichen Türken, d. h. Osmanlis und muhamedanisirten Südslaven aus=kommen?

Auf dieselbe Weise wie mit den andern: dadurch daß wir ihnen durch unser ernstes und strenges, aber zugleich nach allen Seiten gerechtes Gebahren die Ueber=zeugung einflößen, daß sie von uns für ihren Glauben sowie überhaupt für ihre Art und Lebensweise nichts zu besorgen haben.

War es ja doch das Gegentheil von dieser Ueber=zeugung, was sie in den erbitterten Kampf gegen uns geführt hat! Dazu traten Fanatismus und Fatalismus, die von Führern vom Schlage Hadži Loja's auf den Siedepunkt gebracht wurden. Hadži Loja hatte sich schon in seinem frühern Berufsgeschäfte als Räuber bei seinen

Glaubensgenossen in ein nicht geringes Ansehen dadurch
zu setzen gewußt, daß es ausschließlich Djaurs, nament=
lich die Christen waren, über die er herfiel, um sie zu
plündern und zu tödten. Als er dann, von dem ver=
zagten Vali Mazhar Paša zu Gnaden aufgenommen,
öffentlich auf dem politischen Schauplatze erschien, war
es der Koran und dessen Sprüche, die er ohne Unterlaß
im Munde führte, waren es die Sultans=Moschee, die
Abels=Moschee (begova džamija) und andere ihrer
Gotteshäuser, wo er die islamitische Meute versammelte,
um sie für den Kampf wider die Ungläubigen zu ent=
flammen. „Der Koran“, predigte er, „sei das alleinige
Gesetz; alle richterlichen Entscheidungen seien einzig nach
dem Šeriat zu fällen; der Koran reiche nicht blos für
die Muslims, auch für Christen und Juden aus. Alle
christlichen Beamten müssen ihre Posten räumen, kein
Christ dürfe je wieder als Beamter angestellt werden.
Keine andere Steuer solle es hinfüro geben als den
Harač für die Djaurs; Rekrutirung und stehendes Heer
sollen abgeschafft sein; im Bedarfsfalle seien die Mus=
lims da, die zu den Waffen greifen würden“. Da er
zuletzt einsah, daß es mit der vollständigen Beiseite=
lassung der Andersgläubigen doch nicht gehe, und daß
er dieselben, die schon ein allgemeines Massacre fürch=
teten, zu verzweifelter Gegenwehr treiben würde, ließ

er sich zu einer Art Duldung herbei: „Wir wollen jenen, die nicht an den Koran glauben und daher der Hölle verfallen sind, wenn sie zu uns halten, Zugeständnisse machen. Nach dem Gebote des Korans müßten wir die Glocken herabnehmen und zerstören; wir wollen sie aber den Christen lassen, wenn sie sich uns fügen und unterwerfen". Auch die nationale Seite kehrte er heraus: „Wir brauchen keine Osmanlis, unsere Einheimischen thun es allein". So waren alle neuen Würdenträger, dem wüthendsten Pöbel entnommen, unter seiner Regierung Bosnier; die Posten der Verwaltung, die Commandos aller Truppen, die Stellen des Mufti und Kabi wurden Bosniern übergeben. Selbst die osmanischen Truppen sollten ihre Geschütze herausgeben, ihre Waffen ablegen; in Bosna Sarai mußten sie die Kaserne räumen, die von einheimischen Irregulären bezogen wurde. Diese fanatischen Gewaltmaßregeln, dann die schreiendsten Lügen über die einrückenden Oesterreicher — „sie kommen nicht um Ordnung zu machen, sondern um die Anhänger des Propheten zu vertilgen, in ihre Harems zu bringen, ihre Weiber zu entehren" — waren die Hebel, durch die er die Wuth der Seinigen reizte und sie in den Kampf um's Dasein trieb. Man erzählt, es sei vorgekommen, daß muhamedanische Bosnier, wo sie das Einrücken der Kaiser-

lichen nicht aufhalten konnten, ihre Frauen tödteten, um
sie nicht in die unreinen Hände der Djaurs fallen zu
lassen . . .

Natürlich konnten derlei Vorspiegelungen nur unter
Menschen wirken, bei denen unverrückbarer Stillstand
mit der gröbsten Unwissenheit, zähes Einspinnen in alt=
hergebrachtes Leben und Meinen mit der unbekümmertsten
Sorglosigkeit gegen alles Anderweitige und Neue Hand
in Hand ging. Und diese Eigenschaften waren nicht
blos bei dem muhamedanischen Pöbel zu finden — bei
diesem allerdings in crassester Weise —, auch der vor=
nehme, verhältnismäßig feinere und gebildetere Muslim
war nicht frei davon, und unter diesen waren wieder
die muhamedanisirten Bosnier und Hercegovcen die
ärgsten. Wir erinnern uns aus dem früher Erzählten,
welch' hartnäckigen, durch Jahrzehnte fortgesetzten, trotz
wiederholter blutiger Mahnungen immer von neuem
aufgenommenen Widerstand sie den am goldenen Horn
geplanten und von dort anbefohlenen Reformen entgegen=
setzten. Die an bosnische Regierungsbeamte einlangenden
Erlasse und Befehle wanderten in der Regel in den
Papierkorb . . . nein doch, denn ein solches Einrichtungs=
stück des Luxus und der Civilisation gab es in tür=
kischen Kanzleien nicht . . . sie wurden unter den Divan=
polster geschoben, wo sie ruhig liegen blieben. Nicht

aus Trotz, sondern aus bornirter Ueberzeugung, so etwas
könne gar nicht ernstlich gemeint sein. Oesterreichische Gränz-
Officiere versicherten dem Reisenden Maurer, daß, wenn
sie den sie besuchenden türkischen Beamten derlei Anordnungen vorlasen, diese nichts davon hören wollten
und entrüstet fortgegangen seien: „das seien alles Lügen;
ihr Padischah könne etwas so schändliches nicht sprechen".
Daß Einbildung und Selbstüberhebung Wandnachbarn
der Unwissenheit sind, ist eine bekannte Thatsache. Jene
beiden Eigenschaften sind allerdings beim National-Türken
am stärksten vertreten. Der niedrigste Osmanli hat in
Bezug auf alles, was seinen Stamm und seinen
Glauben betrifft, seine „vierundzwanzig Karat Selbst-
zufriedenheit" *). Der Sultan ist der Herr, Stambul
die Hauptstadt und der Mittelpunkt der Welt. „Es gibt
kein anderes Volk als die Osmanli", sagte ein Hadschija
dem britischen Reisenden Wilkinson; „wenn die europäischen Mächte es wagten, sich gegen die Türken zu
empören und alle ihre Streitkräfte zu sammeln, sie
würden doch nicht vermögen, ihnen einen Augenblick
standzuhalten". Er meinte, alle Könige des Franken-
landes säßen nur von Sultans Gnaden auf ihrem
Throne; der Sultan habe den Franzosen gestattet Algier

---

*) Vierundzwanzig = das Maß der Vollkommenheit.

für ihn zu verwalten; die Könige von England seien die
treuesten Diener die der Sultan je gehabt habe u. dgl. m.
Aber nicht blos seinen Padischah, sich selbst, den geringsten
von dessen Unterthanen, hält der Türke für ein höheres
Wesen als den Franken. Die Geringschätzung des Djaurs
ist ihm so gut wie Glaubens-Artikel, und „Christenhund"
nur der roheste Ausdruck dieses Gefühls. Der Orientale, und in dieser Hinsicht ist alles was zum Islam
schwört von einem Schlage, dünkt sich in seinem beschaulichen Nichtsthun unendlich erhaben über den Franken
der sich im Schweiße seines Angesichts sein Brod verdient, sich bis an sein Lebensende keine Ruhe läßt,
immer neues sinnt, nirgends eine rechte Ruhe hat.
Achtung hat der Orientale eigentlich nur vor solchen Be-
schäftigungen die näher oder entfernter mit dem Kriegs-
wesen, mit der Eroberung und Festsetzung zusammenhängen, wie etwa die Baukunst, und in dieser stehen
ihm dann wieder die Seinigen hoch über den Andern.
Die berühmte Bogenbrücke in Mostar schreiben sie Suleiman dem Prächtigen zu und meinen, die Franken wären
nie im Stande gewesen so etwas zu schaffen; „die verstehen sich nur darauf Scheeren und Messer zu machen,
und unreinen Wein, und sich in ihren knappen Kleidern
so schnell zu bewegen!"

Man wird gestehen, das ist mehr als „robur et

aes triplex" von Einbildungen und Vorurtheilen wo=
mit die Bruft des Muslims umpanzert ist und durch
welches es unendlich schwer sein wird mit unsern
Begriffen und Einrichtungen hindurchzubringen. Auch
wird es für den Anfang weder nöthig noch gerathen
sein, dies zu versuchen. Man lasse ihnen durchaus
ihre Art, man bringe ihnen nichts auf, keine unserer
Anstalten, keine unserer Schulen. Man stelle derlei
Institute in ihre Mitte hin, für die Katholiken, für
die Orthodoxen, für die Juden; man lasse den Mus=
lim zuschauen, wie das geht und wirkt; mit der
Zeit wird er es vielleicht nicht so arg finden und
sich das Zeug für sein eigenes Blut wünschen. Die
Hauptsache ist, daß sie sich für's erste nur überhaupt
der neuen Ordnung der Dinge fügen, wenn nicht activ,
doch passiv: daß sie, von fatalistischem Standpunkte,
über sich ergehen lassen was ihnen das Schicksal zu=
geführt hat. „Wie Sieg und Macht einst ihren Stolz
aufblähten", sagte schon in den vierziger Jahren ein
Kenner türkischen Charakters und türkischer Zustände,
„und sie übermüthig und gewaltthätig machten, so wird
kein Volk ruhiger aus Eroberern zu duldenden un=
thätigen und unschädlichen Unterthanen herabsinken als
die Türken, so bald sie sich durch eine unwiderstehliche
Gewalt in diesen Zustand gebracht sehen. Werden sie

anders nicht durch Gewaltthätigkeiten zum Widerstand aufgereizt, so wird man erfahren, daß sie sich selbst christ= licher Herrschaft mit demselben Verhängnisglauben unter= werfen, wie dem Despotismus eines muhamedanischen Fürsten" (Wilkinson II. S. 92 f.). Mit andern Worten: wenn sie den Herrn sehen, werden sie sich beugen, und wenn sie ihn gerecht finden, werden sie anfangen sich ihn zu loben.

Zu diesen allgemeinen Momenten treten in der Bosna und Hercegovina noch besondere, unserer Besitz= ergreifung zum Vortheil gereichende. Die Türken=Herr= schaft war bei dem muhamedanisirten Südslaven trotz der Gemeinschaft des Cultus nie beliebt; der Osmanli wurde von jeher als ein frembes Element angesehen. Der Gedanke sich desselben zu entledigen, es aus dem Lande hinauszu= weisen, ist bei jeder nationalen Erhebung, vom bosnischen Drachen bis auf die jüngsten Stand= und Brandreden Hadži Loja's, von neuem hervorgetreten. Die Entfremdung von Stambul wird also das letzte sein dem der bosnische Mus= lim nachseufzen wird. Auch haben die Besonneneren unter ihnen lang der Ueberzeugung Raum gegeben daß es mit dem türkischen Regiment nicht seines Bleibens haben könne. Unserem General=Consul Bašić sind solche Bekenntnisse wiederholt gemacht worden; „nur für einzelne Indi= viduen der niedern Classe", wurde ihm gesagt, „lasse sich nicht gutstehen; es werde einige Zeit brauchen bis diese unwissenden Leute ihren Vortheil einsehen werden."

Ein zweiter sehr wichtiger und günstiger Umstand ist der, daß der muslimische Bosnier und Hercegovce eines Stammes mit dem katholischen und orthodoxen ist, eine und dieselbe Sprache mit ihm redet, einen großen Theil seines Ideenkreises mit ihm theilt. Was der christliche Junge in seiner Schule lernt, sind die islamitischen Eltern zu ermessen, den Vortheil der daraus für das praktische Leben entspringt zu beurtheilen im Stande; warum soll er seinem Knaben nicht ähnliches zukommen lassen?! Diese ursprüngliche geistige und sittliche Verwandtschaft zeigt sich, trotz des tiefen Risses den das Verbleiben beim alten Glauben hier, der Abfall zum Islam dort mit sich gebracht hat, selbst in religiösen Dingen. Daß von bosnischen Muslims zur Beschwörung böser Geister, bei Unfruchtbarkeit der Weiber u. dgl. das Gebet der Franziskaner oder ein von diesen geweihtes Amulet in Anspruch genommen wird, ist gar kein seltener Fall; von einem schweren Gebrechen oder von Wahnsinn Befallene werden von ihren Angehörigen an christliche Wallfahrtsorte geschickt; ja es kommt vor daß sie in gefährlicher Krankheit im benachbarten Kloster Messen für den Darniederliegenden lesen lassen. Wenn der bosnische Beg und Aga nur eine Frau hat, wenn

17*

sich bei ihm Familienherkunft Familienleben Familien=
erinnerungen finden, die dem vielbeweibten Osmanli ab=
gehen, so ist das nur dem Umstande zuzuschreiben, daß
sich troß des Glaubenswechsels ein Kern christlicher
Sitte bei ihm erhalten, daß er sein muslimisches Neu=
wesen auf altchristlicher Grundlage aufgebaut hat.

Manche haben daran die Muthmaßung geknüpft,
daß es nicht schwer halten, daß es nur auf unser kluges
umsichtiges Gebahren ankommen werde, die muhamedani=
sirten Bosnier und Hercegovcen zum Christenthum zurück=
zuführen. So Hauptmann Gustav Thömmel der nahezu
vier Jahre unter ihnen gelebt hat; so Spiridion Gopčević
dessen Wiege jenen Gebieten nahestand. Damit wäre
allerdings viel gewonnen, weil dann auch alles fiele
was sich an den islamitischen Fatalismus und Fanatis=
mus knüpft. Dennoch wäre es, meines Erachtens, hoch
gefehlt wenn von Regierungswegen etwas positives unter=
nommen würde jene Wandlung herbeizuführen. Oesterreich
ist ein Großstaat — und man darf wohl sagen: der
einzige in unserem Welttheil — der seit seiner
Neugestaltung nach der Revolution von 1848/49 den
Grundsaß der Gleichberechtigung in nationaler und in
confessionaler Hinsicht auf seine Fahne geschrieben hat.
Ich sage: den Grundsaß; denn in der Ausführung und
Anwendung desselben stockt und hinkt es allerdings noch

gar jehr. Aber halten wir uns an das Prinzip, bleiben wir demselben treu! Suchen wir es vor allem in den von uns neu besetzten Gebieten in der pünktlichsten ge= wissenhaftesten Weise zur Geltung zu bringen! Keine Proselytenmacherei irgend welcher Art! Keine Bevor= zugung einer Glaubensrichtung und ihrer Angehörigen als solcher! Confessionales Gewährenlassen inner den gemeinsamen gesetzlichen Schranken in vollem Maße!

Bei den einsichtsvolleren Muslims wird, so scheint es, die Haltung ihrer vornehmen Geschlechter von gro= ßem Einflusse sein. Mit Recht wurden bei einem der letzten Kämpfe in der Krajina an das Erscheinen des Begs Hadži=Mustapha=Turomanović und dessen Sohnes Osman im Lager des k. k. GM. Reinländer weit= gehende Hoffnungen geknüpft. Aehnliches ist auf dem hercegovinischen Kriegsschauplatze dem FML. Jovanović begegnet. Die Macht und der Reichthum dieser Fa= milien hat zwar in Folge der vielen Aufstände und der daran sich knüpfenden Verurtheilungen und Güterein= ziehungen stark gelitten; sie sind aber noch immerhin bedeutend, so wie der Abel mancher derselben, der Čengić, der Sokolović, der Kapetanović ꝛc. höher zurück= reicht als der vieler unserer angesehensten Geschlechter. Auch sind sie sich dessen sehr wohl bewußt, halten große Stücke darauf, und es wird unsererseits gerathen sein, diesen Punkt nicht aus dem Auge zu lassen. Wir werden uns gegenwärtig halten, welch' wichtiger Factor im politischen Haushalte eine Aristokratie von altem Ansehen und historischen Erinnerungen ist, und daß die Staatsweisheit gebietet, dieselbe nicht, weil sie etwa bisher ihre Macht und Stellung mißbraucht hat, zu nullificiren, sondern vielmehr für die neue Ordnung der Dinge zu gewinnen und zu interessiren, ihr darin eine ihren Begriffen von Standesehre entsprechende Stelle zu sichern.

Wird unsere alt-österreichische Aristokratie den nicht minder adels- und ahnenstolzen bosnischen Geschlechtern Platz in ihren Reihen gönnen? Und warum sollte sie nicht? Es käme für's erste darauf an, einen Uebergang zu finden. Nach der Reoccupation von Venedig im Jahre 1814 unter Kaiser Franz 1. ist ein Vorgang eingehalten worden, welchem gemäß die dortigen Nobili unter gewissen Voraussetzungen als Reichsadel anerkannt wurden, z. B. der Conte mit Grafen-Rang. Es dürfte die Zeit nicht fern sein wo sich ähnliches in einer entsprechenden Abstufung auf die bosnischen Begs und Agas wird anwenden lassen. Wir haben kaum zu besorgen, daß wir von ihrer Seite auf Abneigung und Abkehr stoßen werden. Im Jahre 1861 schrieb ein Mitglied des kroatischen Landtages: „Ich kenne manchen reichen Beg des Landes, der seine Adels- und Besitztitel aus

vor=türkischer Zeit heilig aufbewahrt hat, und wenn Du
ihn darum fragst, Dir verstohlen schmunzelnd zuraunt:
Wer weiß wozu es noch einmal gut ist!" Im Franzis=
kaner=Kloster zu Fojnica sah Roškiewicz ein im Jahre
1443, also zwei Jahrzehnte vor der Turkificirung Bos=
niens und vier vor jener der Hercegovina, angefertigtes
Wappenbuch der einheimischen vornehmen Geschlechter.

* * *

Der wildeste unbändigste Stamm, mit dessen nörd=
lichen Auszweigungen wir im Gebiete von Novipazar
in unmittelbare Berührung kommen werden, sind die
Albanesen, nach der türkischen Nomenclatur Arnauten,
oder wie sie sich selbst nennen Skipetaren, slav. Arbanaši.
Auch in Albanien hat es, wie in den angränzenden
bosnischen und hercegovinischen Landen, Auflehnung der
einheimischen Dynasten gegen den vom goldenen Horn
ausgehenden Reformeifer, und in Folge dessen erbitterte
Kämpfe, blutige Strafgerichte gegeben, denen die Blüthe
der arnautischen Geschlechter, sowie ein großer Theil
ihres frühern sultanischen Besitzstandes zum Opfer fiel.
Aber die Widerstandsluft, der Trotz und unbeugsame
Starrsinn der Uebriggebliebenen haben darum in nichts
nachgelassen. Consul v. Hahn, der im Jahre 1858
eine Reise von Belgrad nach Salonifi, also mitten

durch arnautisches Gebiet unternommen hat, schildert
uns die Bewohner in einer nicht sehr einladenden
Weise. „Dem albanesischen Blicke", sagt er, „scheint
eine gewisse Starrheit und Härte eigenthümlich, welche
je nach den Individuen zwischen Selbstbewußtsein
Kühnheit Wildheit und Frechheit nüancirt, aber immer
jeder feinern Herzensregung entbehrt." Der Skipetare
nährt einen maßlosen Nationalstolz, womit er auf alles
was fremd ist geringschätzig herniederblickt. Das zeigt
sich schon bei der lieben Jugend. In manchen arnautischen
Orten, wo Hahn mit seinen Reisegefährten übernachtete,
wußten sie sich der Zudringlichkeit der kecken Rangen
kaum zu erwehren: „Diese jungen Darbanen betrach=
teten uns ganz wie fremde Curiosa, theilten sich un=
genirt ihre Bemerkungen über unsere Persönlichkeiten
und unser Gehaben mit, und stießen die Zimmerthür,
so oft sie auch der Bediente schloß, immer wieder von
neuem auf, indem sie behaupteten daß sie in ihrem
eigenen Hause seien und sehen wollten was darin vor=
gehe." Der Skipetare hatte bisher fast für nichts Sinn,
als für Waffen und deren Gebrauch. Das allein fesselte
seine Aufmerksamkeit, weckte sein Interesse. Hahn hatte
auf seiner Reise einen Revolver neuer Einrichtung mit=
genommen, der bald Gegenstand allgemeiner Beacht=
ung wurde. Jeder wollte ihn in die Hand nehmen,

jeder deſſen Conſtruction unterſuchen, und die Reiſen=
den wurden ſo lang gebeten, bis ſie ſich entſchloſſen
die Wirkung des kleinen Inſtrumentes zu zeigen; die
Probe fiel gut aus und wurde von einem Freudenjubel
der Verſammlung begleitet. Als Hahn weiter reiſte,
eilte ihm die Kunde von der neuen Waffe voraus, und
wo er hinkam wurde er beſtürmt das Piſtol mit ſechs
Schüſſen zu zeigen, von dem ſie gehört hätten.

Daß ein Volksſtamm von ſolchen Neigungen roher
wilder unbändiger iſt als alles was man ſonſt in
der europäiſchen Türkei kennt, und daß er den Osmanlis
mehr zu ſchaffen gab als alle andern, wird man be=
greiflich finden. Obwohl ein großer Theil der Arnauten,
ähnlich wie in Bosnien, vor Jahrhunderten den Islam
angenommen hat, ſind ihnen die National=Türken, oder
vielmehr iſt ihnen das kurzſichtige misgünſtige lüder=
liche türkiſche Regiment verhaßt bis in die tiefſte Seele.
„Ich habe", ſo verſichert Ami Boué, „auf meinen Reiſen
aus dem Munde des Slaven nie ſo oft und ſo viele
Flüche und Schmähungen gegen die türkiſche Miswirth=
ſchaft ausſtoßen hören als in Albanien." Allerdings
hindert das nicht daß der muhamedaniſirte Skipetare
mit nicht geringerm Hochmuth und Hohn die Chriſten
behandelt, die er möglichſt aus ſeiner Nähe zu ver=
drängen ſucht. Sie zittern vor ihm, ſie fürchten ſeinen

blosen Namen. Er erlaubt sich alles gegen sie. Vieh=
und Pferdediebstahl sind in manchen Gegenden an der
Tagesordnung. Kinder vermöglicher Leute werden entführt
um des Lösegeldes willen. Zur Abwechslung wird ein
einzeln liegendes Gehöft überfallen und ausgemordet,
d. h. alles was darin lebt und athmet niedergemacht.
So etwas geschieht nicht immer aus Habsucht; auch
Rachgier und wilde Mordlust an armen Leuten, bei
denen nichts zu holen ist, treibt zu so gräulichen
Thaten. Hahn und seine Begleiter stießen auf dem
Wege nach Varbar auf einen Han, in dessen Inneres
ein paar Tage früher eine Bande durch ein in die
Mauer gegrabenes Loch eingedrungen war: der alte
Handžija, seine zwei Diener, drei türkische Pferdetreiber
die im Stalle schliefen wurden ermordet; „der Handžija
war arm und die Pferdetreiber waren unberaubt."

Der gelehrte Akademiker Dr. Ami Boué, ein
Kenner des arnautischen Landes wie wenige, das er wie=
derholt in verschiedenen Richtungen durchwandert hat,
gibt alles zu was man gegen die rauhen ungezähmten
Bewohner desselben vorzubringen hat. Allein er wehrt
sich mit aller Entschiedenheit gegen die Meinung als
ob sie darum aufzugeben, als ob an ihrer Heranbild=
ung zu verzweifeln wäre. In einem Aufsatz, den er
aus Anlaß der jüngsten politischen Wendung im N. Wr.

Abendblatt veröffentlicht hat, schiebt er alle Schuld
dem bisherigen heillosen Regimente zu. „Wer hat
denn", so schreibt er, „dieses interessante Urvolk so
wild und unwirsch gegen Fremde, seiner Sprache Un=
kundige, gemacht als die Türken? Anstatt sie zu civili=
siren, durch Schulen sowie durch Geistliche zu andern
gesellschaftlichen Ansichten und einem besseren Leben zu
bekehren, war diese Menschenschinder=Regierung nur
froh unter ihrer Hand immer ein so unwissendes, aber
zugleich so schlagfertiges Volk zu haben . . . Wenn
ein Mensch, weil er weder türkisch noch slavisch spricht,
verachtet, ja verlacht wird, so wird er zornig und, an=
statt gutgesinnt, feindlich verschlossen finster. Das ist
der Fall mit dem armen Skipetaren, der wie vom
Traum selig aufwacht wenn ein Fremder ihn in seiner
Sprache anredet, wäre es auch rabebrecherisch wie in
meinem Falle. Wenn man ihn an seine Gebräuche
und besondern Festangelegenheiten erinnert, oder ihm
selbst seine sonderbaren Mythen vorträgt, so hat man
einen ganz andern Menschen vor sich." Boué ver=
ficht auf das wärmste den Satz, daß sich der Albanese
einer Regierung, die ihm wohlwollend, mit Achtung
seiner Stammeseigenschaften und seiner Sprache ent=
gegenkommt, die sich bestrebt zeigt ihn aus seiner bis=
herigen Verwahrlosung auf bessere Wege zu führen,

ihm die Mittel bietet etwas zu lernen und sich zu bilden, gefügig und dankbar erzeigen werde. „Denn die Albanesen", so lauten Boué's Worte, „haben das Zeug für tapfere und geschickte Soldaten sowie Matrosen; aber auch alle Eigenschaften um in Europa bald eben= bürtig mit den civilisirten Völkern zu erstehen."

Boué macht den Serben des Fürstenthums den Vorwurf, daß sie es eben so wenig wie die Türken verstanden hätten sich die Albanesen zu befreunden, daher auch der Haß der letzteren gegen die Serben ein kaum geringerer sei als gegen die Osmanlis. Er habe den Serben vor Jahren den Rath ertheilt, in Belgrad eine albanesische Civilisations=Schule und Sprach=Aka= demie zu gründen; aber seine Worte seien in den Wind gesprochen gewesen.

XIII

Ideen und Vorschläge.

———◆———

enn man sich in einem Landstriche auf diese oder jene Weise festsetzt, ist gewiß das erste, die Gränzen desselben nach allen Seiten genau abzustecken. Aber auch die anliegenden Gebiete, die zu jenem aus einem bisher fremden, zeitweise feindseligen Verhältnisse in ein friedliches freundnachbarliches treten, dürfen erwarten, daß die gegenseitige Berührungslinie in einer Weise geregelt werde, wie dies nach einem billigen Maßstabe beiden Theilen am meisten zusagt. In der That werden es in unserem Falle unsere alten Kronländer, Kroatien mit der ehemaligen Militärgränze und das Königreich Dalmatien

sein, deren wohlbegründete von Jahrhunderten sich her=
schreibende Ansprüche in dieser Richtung in erster Linie
zu berücksichtigen sein werden.

In dieser Hinsicht wird es für's erste kaum einer
Auseinandersetzung bedürfen, daß die bisherigen Ein=
schiebsel Klek und Sutorina dorthin zurückfallen müssen,
wohin sie ihrer natürlichen Lage nach gehören, auch
thatsächlich vordem gehört hatten: zu dem Ragusaner
Gebiete.

Es dürfte aber ferner der Erwägung werth sein,
ob nicht, um administrativer Zwecke willen, der Bezirk
von Zubci samt der Sutorina unter eine Verwaltung
mit Krivošije und Castelnuovo zu bringen sei, und ob
nicht ähnliches in dem Verhältnisse von Šuma und
Popovo Polje zu dem Kreise von Ragusa zu geschehen
hätte, dessen administrative Gränze gegen Nordwesten
sodann die Trebinjšćica, beziehungsweise das linke Ufer
derselben bilden würde.

Die Herstellung einer nassen Gränze wird auch
von Kroatien aus in Frage kommen. Es sei kein
besonderes Gewicht darauf gelegt, daß die Bezeichnung
der Krajina als Türkisch=Kroatien auf eine nähere Be=
ziehung dieser Gegend zu unserem Alt=Kroatien hin=
leite, die sich historisch allerdings ganz gut begründen
ließe. Aber das wird jedenfalls nicht zu umgehen sein,

daß der Landstrich linksseit der Una von oberhalb
Ostrovica bis unterhalb Otoka zu den Gebieten der
ehemaligen kroatischen Militärgränze geschlagen werde,
ein Landstrich, der selbst zur Zeit der Türkenherrschaft
wiederholt und noch über die Tage des Prinzen Eugen
hinaus in unserem Besitze gewesen.

* * *

Ungleich vielseitiger und mannigfaltiger, dabei meist
schwieriger und verwickelter als diese und ähnliche terri=
toriale Ausgleichungen stellen sich die Fragen der innern
Organisation und Reform dar, jener hochwichtigen Fac=
toren, auf deren Boden wir, den nie recht ernst ge=
meinten und darum stets misglückten Versuchen des
frühern Regiments gegenüber, uns eben so rasche Sympa=
thien gewinnen, als für unser gesammtstaatliches Ge=
meinwesen die Früchte dessen ernten können, was wir
uns. die Pacification jener mishandelten und verwahr=
losten Gebiete haben kosten lassen.

Viel wird schon die Einführung einer nach allen
Richtungen geordneten administrativen Praxis an Stelle
der bisherigen Miswirthschaft leisten, die von der einen
Seite lüderlicher Schlendrian von der andern ungeregelte
Willkür war; sie hat auch schon, wie uns die jüngsten
Stimmungsberichte lehren, in mehr als einer Hinsicht

wohlthuend zu wirken begonnen. Gleichmäßige Ver=
theilung und geregelte Einhebung der Steuern und
Abgaben, frei von jedem vexatorischen Belieben; Ein=
führung einer wahren und klaren Civil= und Straf=
justiz mit rigoroser, aber zugleich humaner Behandlung
der Gefangenen; Handhabung einer allen habsüchtigen
Misbräuchen und Uebergriffen vorbeugenden Markt=
Polizei, wie sie unser k. k. Seraskier in Sarajevo bereits
in's Werk zu setzen unternommen hat: diese und ähnliche
Maßregeln auf dem Gebiete des alltäglichen öffentlichen
Lebens und Haushaltes werden der Bevölkerung den
augenscheinlichen Beweis liefern, welchen Charakters
und Erfolges das Regiment sei, das an die Stelle der
frühern Unwirthschaft getreten.

Von weitergreifenden Reformen wird eine der ersten,
aber zugleich eine der heikelsten die Regelung der bäuer=
lichen Besitzverhältnisse sein. Das Ziel, welches dabei
anzustreben, kann nicht zweifelhaft sein: Umwandlung
des für den Kmeten bisher prekären, jeder Bedrückung
und Laune des Grundherrn und dessen noch viel ärgeren
Verwalters Raum gebenden Nutzungsverhältnisses in
sicheres unwiderrufliches Eigenthum; und billige Regel=
ung der von den bisherigen Grundholden an den Guts=
herrn zu leistenden Dienste und Gaben. Ob es, ohne
Uebergang, jetzt schon an der Zeit sei einen radicalen

Schnitt zu machen: vollständige Ablösung der unterthänigen Giebigkeiten gegen Entschädigung der Guts-
herren nach dem Vorgange bei unserer Grundentlastung
durchzuführen, das müßte reiflicher Erwägung unterzogen werden. Denn es handelt sich darum, indem wir
den einen Theil der Bevölkerung, allerdings die große
Masse derselben, unseren freiheitlichen Institutionen gewinnen wollen das andere, an Zahl geringere, aber an
Macht und Einfluß auf die muhamedanische Menge sehr
bedeutende Element nicht zu schrecken, indem man es in
seinen bisherigen Existenz-Verhältnissen bedroht. Jedenfalls wird jeder Schritt, der in dieser Richtung beabsichtigt
wird, Hand in Hand mit den thatsächlich Berechtigten
und Bevorzugten vorzubereiten, ihnen ausreichende Gelegenheit zu bieten sein, Vorstellungen und Vorschläge zu
machen, von ihrem Standpunkte Auskünfte zu finden,
um in ein der natürlichen Folge nach ihnen selbst zum
Vortheil gereichendes System hinüberzulenken. Auch wird
sich Behandlung dieser einschneidenden Maßregel nach
Kreisen empfehlen — selbstverständlich unter einer gemeinsamen Oberleitung vom Centrum aus —, da nicht
blos die Verhältnisse von Aga und Kmet, sondern
auch der Geist der Bevölkerung nicht überall die gleichen sind. In manchen Landestheilen wird man vielleicht rascher zu dem erwünschten Ziele kommen, ein

18*

Beispiel das nicht ohne heilsame Nachwirkung auf be=
nachbarte Gebiete, wo man etwa noch in der Phase der
Zweifel und Bedenklichkeiten, des Argwohns und der
Besorgnisse wäre, bleiben könnte.

Wenn ich, der ich nicht an Ort und Stelle war,
die Dinge nicht aus eigener Anschauung kenne, mir hier
allerhand anzudeuten erlaube, so geschieht es eben nur
in dem Sinne, daß es als Anlaß diene, auf gewisse
Punkte sein Augenmerk zu richten, als Anregung und
Stoff zu weiterer Prüfung. Das wäre z. B. mit dem
Gemeindewesen der Fall, jener Institution mit welcher
für die künftige Verwaltung des Landes ein sicherer
Grund gelegt sein wird, wie denn in der That unmittelbar
nach dem Einrücken unserer Truppen in der Landeshaupt=
stadt damit der Anfang gemacht wurde. Man hat, wie
aus den bisherigen Berichten zu entnehmen, die verschie=
denen Confessionen in gleicher Weise berufen und jeder
derselben eine im Verhältnis zu ihrer Seelenzahl stehende
Zahl von Vertretern zugestanden. Das war ohne Frage
der einzig richtige Vorgang, aber wird er für sich allein
ausreichen? Wenn für die Beschlüsse die einzelnen Stim=
men gezählt werden, so steht zu besorgen, daß die in
der Minderheit befindlichen Confessionen, bei dem bis
zur Stunde tief gehenden Antagonismus z. B. zwischen
Muhamedanern und Orthodoxen, häufig den kürzern

ziehen, mitunter Kränkung Beeinträchtigung erfahren. Dürfte es, um von vorn herein auch nur den Schein drohender Majorisirung zu vermeiden, nicht angezeigt sein, curienweise Berathung und Abstimmung einzuführen, in jener Weise, wie ich dies an einem andern Orte *) für unsere hiesigen Vertretungskörper vorgeschlagen? Die Curien würden sich nach den drei Hauptbekenntnissen der Bevölkerung, dem lateinischen griechischen und Islam scheiden. Juden sind im Verhältnis zur Gesammtzahl wenige, und dürften nur in einer oder der andern Stadt, wie eben in Bosna Sarai, von solcher numerischer Bedeutung sein, daß man ihre Vertreter zu einer besondern Curie könnte zusammentreten lassen; sonst werden sie zwar auch Vertreter aus ihrer Mitte zu wählen, diese aber sich nach ihrer Wahl oder nach der Bestimmung ihrer Committenten der einen der beiden christlichen oder der muhamedanischen Curie anzuschließen haben.

Für die Gemeindeeinrichtung auf dem offenen Lande wäre ein anderer Punkt in's Augenmerk zu nehmen. Durch alle Zweige des serbisch-kroatischen Volksstammes zieht sich das Institut der Hausgemeinschaft, zadruga; etwas ähnliches ist bei den Skipetaren der Fis. Das Wesen

---

*) Revision des ungarischen Ausgleichs. Ein zweiter Theil. S. 24—31.

der Zabruga oder des Fis besteht darin, daß jeder ländliche Haus- und Familienstand, wozu auch die verheirateten Söhne, ja Enkel mit den Ihrigen gehören, eine einheitliche wohlgefügte Genossenschaft bildet, die von dem Familien-haupt, starješina, der nicht eben das älteste Glied sein muß, regiert und von der Frau desselben, oder wenn mehrere Frauen vorhanden sind, von ihnen der Reihe nach verwaltet wird; die eben Verwaltende wird redara oder reduša genannt. Die schönen Seiten dieser patriarcha-lischen Einrichtung sind die, daß darin die Einheit, die Einigkeit und, ich möchte sagen, die Heiligkeit der Familie gewahrt und, als natürliche Folge dessen, die Ehrfurcht vor dem Alter, der Gehorsam gegen dasselbe unver-brüchlich eingehalten wird. Wohl ist diese Einrichtung etwas, das unserem System des Individualismus, auf das wir nach amerikanischem Muster mit vollen Segeln lossteuern, schnurstracks zuwiderlauft: die Armen haben es halt noch nicht „so herrlich weitgebracht" wie wir! Es ist mir nun nicht bekannt, in wie weit die Zabruga in Bosnien und in der Hercegovina zur Stunde noch be-steht und ob sie nicht in der letzten Zeit durch türkisch-modernisirende Reformen durchbrochen wurde. Wäre letzteres nicht der Fall, dann hätte eine wohlwollende und einsichtsvolle Verwaltung an diese urkräftigen Orga-nismen im Volksleben anzuknüpfen, dieselben als vor-

handene gute Grundlage für den Aufbau der höheren Ge=
sellschaftsordnungen, der Vertretung im Gau, im Kreise,
in der Provinz zu benützen. Im Schooße der Zadruga
oder des Fis gäbe es dann keine Wahl: der berufene
Vertreter der Hausgemeinschaft in der Gemeinde und
nach außen wäre der Starješina oder derjenige, den der
Starješina dazu beruft und damit betraut. Die Gesammt=
heit dieser Vertreter der einzelnen Hausgenossenschaften
wäre das natürliche Organ der Orts= oder Gau=Gemeinde.
Aus diesem Orts= oder Gau=Rath ginge sodann, hier aller=
dings durch Wahl, die Vertretung des Bezirkes hervor 2c.

Ich habe mich einmal durch einen Kenner und
scharfen Beobachter über die Zustände im heutigen Fürsten=
thum Serbien unterrichten lassen, und dieser hat seinem
tiefen Bedauern Ausdruck gegeben, daß man bei der
politischen Neugestaltung desselben, west-europäischen Vor=
bildern nachjagend, jene uralten, nicht willkürlich ge=
schaffenen sondern aus dem Volksleben herausgewachsenen
Organismen hintangesetzt, durch künstlich geschaffene Ein=
richtungen im constitutionellen Sinne der allmäligen
Zerbröckelung, dem schließlichen Verfalle preisgegeben habe.

* * *

Was die materiellen Interessen in den von uns
besetzten Ländern betrifft so sind sowohl Bosnien als

die Hercegovina, nach einstimmigem Urtheil, überreich
an dem was auf den Bergen und was in den Bergen
wächst und gedeiht.

Ueber den ehemaligen Bergsegen des Landes und
über den fast gänzlichen Verfall, in welchen unter einem
ebenso unwissenden als übelwollenden Regiment die
rationelle Ausbeutung desselben gerathen konnte, wurde
bereits gesprochen. Was in dieser Richtung geleistet
werden kann und eben so schöne als rasche Erfolge ver=
spricht, darüber wolle man sich in dem benachbarten
Fürstenthum Serbien Auskunft erbitten, das nicht ge=
säumt hat Fachleute in's Land zu rufen und wo in
kürzester Frist Stätten ergiebiger Montan=Industrie auf=
blühten die durch Jahrhunderte brach und veröbet
gelegen.

Immerhin bedarf der Bergbau, um ihn fachgemäß
anzufassen und in Betrieb zu setzen, sowohl eine gewisse
Zeit als entsprechende Capitalien: was aber gleich und
mit sehr geringen Vorauslagen verwerthet werden kann —
selbstverständlich sobald erst durch ein zweckmäßiges Ver=
kehrsnetz der Transport ermöglicht ist —, das ist der
Waldreichthum, und es ist sehr zu fürchten daß sich
auf diesen Gegenstand die Speculation in erster Linie
werfen wird. Ich sage zu fürchten: weil durch unauf=
gehaltene ungeregelte Raubwirthschaft dem ganzen Ge=

biete unverbesserlicher Schaden zugeführt werden kann;
vide Karst und Dalmatien. Es wird sich daher hier
vor allem um einen das große Ganze umfassenden forst=
wirthschaftlichen Plan handeln, durch welchen die Ab=
holzung, aber auch die Neubewaldung in feste Ordnung
gebracht, einer dauernden aufmerksamen und unnach=
giebigen Oberaufsicht unterworfen, jede Vernachläßigung
durch die schärfsten Maßregeln hintangehalten wird.

Daß sich die Landwirthschaft auf der primitivsten
Stufe befindet, wurde schon früher bemerkt. In einem
Gebiete, wo sich, mit Ausnahme von künstlicher Be=
wässerung von der man hier und da Ansätze trifft, Feld
und Vieh in einem gleichen Zustande der Verkümmerung
befindet, so daß selbst der Stier, nicht im entferntesten
so groß und kräftig als bei uns, seinen angebornen
Muth eingebüßt zu haben scheint; in einem Lande wo
von dem Milchnutzen der Kuh und der Erzeugung reinen
Mehles, von dem Gebrauch einer eisernen Pflugschaar
und der Benützung zweckmäßiger Last= und Frachtwagen
alles neu zu begründen, einzuüben und anzugewöhnen
ist, kann es sich nur fragen, bei welchem Ende das
Ding anzufassen sei, um besseres an die Stelle des her=
gebrachten unwirthschaftlichen Schlendrians zu setzen.
Man denke nur nicht an Ackerbauschulen in einem Lande
wo es zum weitaus größten Theile noch die ersten An=

fangsschulen nicht gibt. Auch kann bei so urwüchsigen,
oder sagen wir gerechter, bei so zurückgebliebenen Ver=
hältnissen einzig gutes Beispiel wirken, und auch an
dieses wird man gut thun keine voreiligen Hoffnungen
zu knüpfen. Man wird daher auf die Anlage von
Musterwirthschaften in großem Style, an welche zugleich
die verschiedenen landwirthschaftlichen Gewerbe sich an=
lehnen könnten, in den verschiedenen Theilen des Landes
bedacht sein müssen. Woher den Grund und Boden
dazu nehmen? Nun, ich dächte, wenn in Bosnien und
in der Hercegovina, nach einem allerdings etwas ge=
wagten Ueberschlage, neun Zehntel des culturfähigen
Landes brach liegen, sollte es nicht so schwer fallen eine
Auskunft zu treffen!

Ich möchte noch auf etwas aufmerksam machen. Die
Moscheen und muslimischen Cultus=Anstalten befanden
sich in einem unermeßlichen Besitze von Liegenschaften, die
bei der ersten Eroberung den ursprünglichen Bewohnern ab=
genommen oder später durch Confiscationen herrenlos ge=
worden waren. Neuester Zeit ist dieser reiche Kirchenbesitz,
vakuf, von der türkischen Regierung einer Art Säculari=
sation unterzogen worden und sollen aus den Einkünften
derselben die darauf gewiesenen frommen Stiftungen er=
halten werden. Ohne in die Frage, ob alle derselben —
Bosna Sarai zählt über hundert Džamijen und Mo=

ſcheen! — werden erhalten werden müſſen, und in die
eben ſo heikele des Eigenthumsrechtes vorzeitig ein=
zugehen, dürften ſich in dieſer oder jener Weiſe genug
Beſitzänderungen ergeben, die es ermöglichen werden,
größere Complexe von Regierungswegen einſtweilen in
Obhut zu nehmen und entweder in eigener Regie zu
verwalten oder nach einem wohlüberdachten Modus ra=
tionellen Landwirthen in Pacht zu geben.

Von Gewerben gab es in dem Bosna=Narenta=
Gebiet faſt nur ſolche die ſich auf das Kriegshandwerk
bezogen, und dieſe behielt zum Theil die bisher herrſchende
Kaſte der Muslims als Monopol für ſich. So die Er=
zeugung von Waffen, zum Theil von vorzüglicher Güte
und Schönheit; ſo das Sattler= und Riemer=Handwerk
und die damit zuſammenhängende Gärberei. Die Be=
arbeitung von Schaaf= und Ziegenhäuten reicht bis an
die dalmatiniſche Küſte; das Corbovano di Cattaro war
lange Zeit in Venedig bei Frauen beliebt. Sonſt wäre
noch die Teppich= und Decken=Erzeugung, wie überhaupt
die Bearbeitung der Wolle und Färbung derſelben mit
ſchönem unverwüſtlichen Blau und Roth zu nennen,
eine Fertigkeit, die ſich faſt über das ganze ſüdſlaviſche
Gebiet erſtreckt und mit der Vorliebe dieſer Völkerſchaften
für bunte Kleidertracht zuſammenhängt. Aus Serbien
und Bulgarien wandern ſeit Jahrzehnten viele dieſer

Producte, wie Leder Häute Wolle, in österreichische
Fabriken, um verarbeitet, mitunter als theure Waare,
wieder ihren Weg über unsere Gränzen zu finden. In
jenen Ländern sind von altersher Kleiderstoffe, bunt=
geblümte Kattune, allerhand Modewaaren österreichischer
Erzeugung, Hals= und Taschentücher, aber auch Quin=
caillerie=Sachen lohnende Handels=Artikel und füllen neben
englischen Garnen, Eisen= und Stahl= sowie Lederwaaren
die kleinen Gewölbe der jüdisch = türkischen Kaufleute.
Aehnliches wird sich in unserem Handelsverkehre mit
den neubesetzten Ländern herausstellen. Vor Jahren be=
trug die Waarenausfuhr aus dem Auslande über die
österreichische Zollgränze nach der Türkei 30.5 Percent
unseres gesamten Transito=Verkehrs, die Ausfuhr öster=
reichischer Erzeugnisse nach der Türkei 16.4 Percent
unseres gesamten eigenen Ausfuhrverkehrs. Mögen
unsere Handels= und Gewerbekammern beizeiten ein wach=
sames Auge auf diesen Gegenstand haben und geeignete
Vorkehrungen treffen, daß nicht, wie dies in unserem
Handel in entferntere Gegenden leider so häufig vor=
gekommen, die nachlassende Genauigkeit im Quantum
und Quale der gelieferten Waare den kaum gewonnenen
Markt wieder verlieren mache!

Bedingung und Voraussetzung für die materielle
Hebung des Landes ist ein Netz gut angelegter und

 sicherer Straßen. Ueber diesen Punkt habe ich mir schon
am Schluß des ersten Abschnittes eine Bemerkung zu
machen erlaubt, und möchte nur noch andeuten, daß sich
unter den polygonen Drehscheiben der ungeschlachten
Arabas, wie solche dortlands bisher in Uebung waren,
kaum irgend eine Straße auf die Länge wird halten
können. Es wird also Vorsorge zu treffen sein, daß
die gute Straße nur von gutem Fuhrwerk befahren
werde, worin für den seine Naturproducte verfrachtenden
Landmann eine indirecte Nöthigung liegen wird, sein
Wirthschaftsgeräthe auf einen vernünftigen Stand zu
bringen.

Was den Transport zu Wasser betrifft, dürften
es in erster Linie die versumpften Mündungen der
Narenta sein an deren Regulirung und Schiffbarmachung
Hand anzulegen sein wird; es ist dies ein langgenährter
Wunsch der Hercegovcen, denen dadurch eine wohlfeile
Wasserstraße nach der Abria eröffnet wird.

*　*　*

Auch rücksichtlich der geistigen Cultur, für deren
Hebung so gut wie alles zu thun ist, gilt die Mahn=
ung, nichts zu übereilen, sich in nichts aufdringlich zu
zeigen, mit umsichtigem Bedacht an das vorhandene
anzuknüpfen. Für's erste wird sowohl bei den Lateinern

als bei den Griechen, die nie aufgehört haben zu zeigen daß sie sich Schulen verlangen, die Ueberzeugung günstig wirken, daß sie solche unter den schützenden Fittigen des Doppeladlers nach Wunsch errichten können. Werden sie es dann sein die sich hiezu die Unterstützung unserer Regierung erbitten, dann ist es an der Zeit ihnen be= hilflich entgegenzukommen. Von großer Bedeutung ist gewiß der Umstand daß die wenigen bessern Anstalten, die derzeit in den beiden Ländern bestehen, österreichi= schen Vorbildern nachgebildet sind. Es wird also nichts ihnen völlig unbekanntes sein was wir ihnen zu bieten haben. Die muslimische Bevölkerung wird sich in der ersten Zeit gewiß zurückhalten; da hilft nichts als ruhig abwarten bis das Beispiel vor ihren Augen wirkt. Der Schulunterricht, dessen sich, so steht zu erwarten, die Lateiner und Griechen binnen kurzem in ausgedehntem Maße erfreuen werden, muß den Bekennern des Islams als eine Wohlthat, als ein Vorzug erscheinen; dann wird in ihnen der Trieb erwachen, hinter den bis= her von ihnen verachteten Mitbewohnern nicht zurück= zubleiben.

In einem Punkte aber werden wir, nach meinem Dafürhalten, nicht einen aus dem Schooße der Be= völkerung kommenden Anstoß erst abzuwarten, sondern von Regierungswegen die Initiative zu ergreifen haben:

in der Errichtung einer höhern Bildungsanstalt in Sarajevo die zugleich Nationalmuseum, gelehrte Gesell= schaft und Hochschule sei. Ich denke mir das so:

Einerseits für Regierungszwecke, andrerseits für die moralische Hebung und die intellectuelle Aufklär= ung, mit einem Wort für die Weckung Verbreitung und fortschreitende Kräftigung des Interesses, das eine bisher im Stumpfsinn der Resignation dahinlebende Bevölkerung an dem Gedeihen ihres Gemeinwesens nehmen soll, wird ohne Aufschub an eine wissenschaft= liche Durchforschung jener terra incognita, als was sich uns zu einem großen Theile Bosnien und die Hercegovina darstellen, Hand anzulegen sein. Dieselbe müßte nach allen Richtungen gleichzeitig thätig sein: ich nenne eine ethnographisch=statistische, eine geologisch= montanistische, eine naturwissenschaftlich=landwirthschaft= liche, eine nationalökonomisch=industriell=commercielle Abtheilung. Die wissenschaftlichen und praktischen Fach= männer, deren jede dieser Sectionen bedarf, müßten zugleich die Eignung haben lehrend auf ihrem Gebiete aufzutreten, sobald sich einmal vorgebildete Lernbegierige zeigen werden. Die verschiedenen Objecte, die sie als Proben und Schaustücke von ihren nach einem festen Plane geregelten Bereisungen heimbringen, wären in einem Institute zu sammeln und aufzustellen,

das gleichzeitig als Landesmuseum und als Lehrmittel=
sammlung zu dienen hätte.

Um diese ungewohnte Einrichtung bei der Bevölker=
ung durch einen populären Namen einzuführen, würde
ich die den meisten slavischen Stämmen bereits geläufige
Bezeichnung einer „Matica" vorschlagen: also Matica
Bosansko-Hercegovačka.

Aber woher die Mittel nehmen, um all' das in's
Leben zu rufen und im Gang zu halten? Wir haben
sie, wenn man meinem Rathe folgen will; sie sind
da, ohne daß unser Reichs=Budget — denn eine Reichs=
anstalt müßte es für den Anfang sein! — mit einem
Kreuzer mehr belastet würde.

Ich glaube schon mehrmal Anlaß genommen zu
haben darauf hinzuweisen daß unsere orientalische Aka=
demie ein überlebtes Institut sei. Da selbe aber noch
immer in alter Weise auf dem Jakober=Platze ihr Da=
sein fristet, muß ich neuerdings darauf zurückkommen.
Die orientalische Akademie, von Oesterreichs genialstem
Staatsmann in einer Zeit geschaffen wo bei uns in
jeder Richtung Noth am Mann war, ist heute, wo es
für eine erledigte Stelle je zehn der befähigtesten Be=
werber gibt, ein reiner Luxus=Artikel geworden. Der
Zweck der bisher viele Kosten durch Unterhaltung eines
Convictes und Anstellung eines ganzen Apparates von

Perſönlichkeiten in Anſpruch genommen, läßt ſich unter
ren heutigen Verhältniſſen viel einfacher erreichen. Man
wähle eine Anzahl der beſtehenden Hand=Stipendien an
unſern Hochſchulen aus; man ſetze für die Erlangung
rerſelben die Kenntnis einer beſtimmten Anzahl von
Sprachen feſt die der Stipendium=Werber vom Haus
und aus der Schule mitzubringen hat; man mache die
Beibehaltung der Stipendien ron einem beſtimmten
Studiengang abhängig, in welchen natürlich alle jene
Sprach= und andern Kenntniſſe einbezogen werden die
rem Candidaten noch abgehen; man ſtelle demſelben
nach Abſolvirung ſeines Curſes eine erſte Anſtellung im
Staatsdienſte in Ausſicht, in welchem er ſich durch
eine beſtimmte Anzahl Jahre auszuharren verpflichten
müßte, und es wird ſich zeigen daß wir über Mangel
an befähigten Bewerben nicht zu klagen haben werden.
Und die Lehrſtühle? Nun deren haben wir an unſeren
bedeutendern Hochſchulen eine ſolche Auswahl und
Mannigfaltigkeit, daß es kaum irgend einer Neu=Erricht=
ung bedürfen wird, um allen wiſſenſchaftlichen Bedürf=
niſſen unſerer Orient=Aſpiranten zu genügen. Wenn man
mir ſchließlich auf ein gewiſſes etwas hinweiſen wollte,
das ſich denn doch nicht ſo blos vom Katheder herab ein=
lernen, deſſen Beſitz ſich nur in einer eigens für den
beſtimmten Zweck eingerichteten Anſtalt erwerben laſſe:

Der feine Griff und der rechte Ton,
Das lernt sich nur um des Directors Person —

so möge man mir es nicht übel nehmen daß ich dar=
auf gar nichts gebe. Besitzt der junge Mann nur sonst
Talent — und ohne Befähigung würde er ja nicht
zur Candidatur zugelassen! — und hat er während
seiner Stipendien=Jahre das nöthige gelernt, so wird
er sich, wohin man ihn auch stelle, die diplomatischen
Gänge und Künste, gesetzt es gebe etwas appartes von
diesem Genre, auch bald eigen machen.

Unsere orientalische Akademie ist aber, oder war
mindestens bis auf die jüngste Zeit, noch in anderer
Hinsicht ein Anachronismus. Die jungen Leute hatten
da ein Halb=Dutzend exotischer Sprachen zu erlernen:
französisch italienisch englisch neugriechisch türkisch ara=
bisch persisch; und kamen diese jungen Mezzofantis vom
friedlichen Jakoberhof hinaus in eine der europäisch=
türkischen Provinzen, so konnten sie mit jedem einzelnen
Fremden der dort erschien oder sich dort aufhielt trefflich
conversiren; nur für die große Masse der Einheimi=
schen, in deren Mitte sie zu wirken und Studien zu
machen berufen waren, ging ihnen, wenn sie nicht etwa
von Geburt Rumänen oder Slaven, oder durch Privat=
fleiß diese Lücken an Ort und Stelle zu ergänzen be=
flissen waren, jedes Mittel persönlicher Verständigung ab.

Türkisch zu kennen war für unsere Consulats-Beamten
der Balkan-Halbinsel immerhin ein nützliches Ding:
aber von ungleich größerem Vortheile wäre es für sie
gewesen, rumänisch serbisch bulgarisch albanesisch zu
kennen. Es gibt keinen höher gestellten Türken der
nicht des französischen mächtig wäre: wohl aber gibt
es in allen Ländern der europäischen Türkei Hundert-
tausende die kaum ein Wort türkisch verstehen. Ist
es doch von Bosnien und der Hercegovina bekannt daß
selbst manche der muhamedanisirten Begs der Sprache
nicht mächtig sind deren Glauben ihre Vorältern angenommen haben. So konnte es geschehen daß unsere
jungen Orientalisten, wenn sie frisch aus ihrer Ab-
richtungsanstalt kamen, mit Leuten aus dem Haupt-
stamm der Bevölkerung durch das Medium eines türkischen oder griechischen Dolmetsch verkehren mußten und
auf den Grad des Verständnisses und der Willfährig-
keit angewiesen waren, welchen dieser den von ihm zu
erläuternden Kundgebungen der Eingebornen entgegen-
brachte. Denn der Türke verachtet den Djaur, und der
Grieche weiß daß er bei allen andern Classen der Bevölkerung wegen seiner Aemtersucht, wegen seiner phanariotischen Erpressungen im Hasse steht, und sucht ihnen
diesen Haß bei jedem gegebenen Anlasse heimzuzahlen.

Man hebe also die orientalische Akademie mit

ihrem die großen pecuniären Opfer nicht lohnenden
Lehr= und Lern=Apparate auf, oder vielmehr man ver=
pflanze sie. in anderer Gestalt und für andere Zwecke,
aus der innern Stadt Wien in die Metropole von
Bosnien, und man wird in kurzer Frist die schönsten
Erfolge erzielen. Man verwende ein Drittel ihres
bisherigen Budgets auf Gehalte für junge Gelehrte,
denen man in Aussicht stelle nach einem mehrjährigen
Dienst in Bosna Sarai einen Katheder an einer
unserer wohl dotirten Universitäten zu besteigen; man
bestimme das zweite Drittel für Bereisungen behufs
einer planmäßigen Durchforschung des Landes und die
wissenschaftliche Ausbeute welche davon alljährlich an
die Matica bosansko = hercegovačka abzuliefern wäre;
man widme das dritte Drittel für Bibliotheks= und
Museums=Zwecke, und ein schöner Anfang ist gemacht,
das weitere wird sich finden.

* * *

Freilich müßte, um die Ergebnisse dieser wissen=
schaftlich=theoretischen Durchforschung praktisch zu ver=
werthen, etwas hinzutreten: ein mit entsprechenden
Mitteln ausgestattetes Credit = Institut in der Reichs=
hauptstadt, das für Anlegung von Musterwirthschaften
im großen Style, für Betreibung des Bergbaues in den

verschiedensten Richtungen, für rationelle Verwerthung des Forstnutzens, für Anlegung von Schienenwegen ꝛc. die Capitalien zu beschaffen hätte; ein Institut mit einem Wort, das in engerem Rahmen, und überhaupt mutatis mutandis, alle Vorzüge in sich vereinigte durch welche die britisch=ostindische Compagnie sich und ihrem Vaterlande so dankenswerthe Dienste erwiesen und so staunenswerthe Erfolge errungen hat...

Doch ich eile zum Schluße!

Es waren blühende Länder, im Fortschritt be= griffen wie irgend ein anderes in jenem Jahrhundert, da sie unter die Herrschaft des Halbmondes kamen: die Türken haben diese Länder durch ein grausames, mit Menschenleben und Menschenwürde spielendes Regiment zur Hälfte entvölkert, haben den Aufschwung derselben, jeden Anlauf zum Bessern gehemmt und im Keime erstickt!

Es waren selbstbewußte freie strebsame Stämme, von denen jene Gebiete bewohnt waren, ehe sie von der Eroberung halbwilder Asiaten überfluthet worden: die Türken haben diese Stämme zur Rajah, zur macht= und rechtlosen Heerde herabgewürdigt, haben sie durch jahrhundertlange Demüthigung und Mißhandlung in scheue unterwürfige ihren Peinigern knirschende Sclaven umgeschaffen, denen alle Freude am Dasein verkümmert und verdorben ward!

Man werfe einen Blick auf die neueste General=
karte unseres k. k. milit. geogr. Institutes, man ver=
gleiche unser Dalmatien und Kroatien mit den bisher
türkischen Nachbarländern derselben: welche Fülle von Ort=
schaften und Ansieblungen dort, welche Oede hier! Das
schmale bergige Dalmatien mit 230 Geviertmeilen und
nahezu 450000 Seelen; das große wälder= und flurenreiche
bosna=hercegovinische Land mit mehr als 1050 Geviert=
meilen und kaum 1200000 Seelen: also fast viereinhalbmal
so viel Bodenfläche und nicht dreimal so viel Einwohner!

Die blutige Arbeit des Wörndl=Gewehres und der
Uchazius=Kanonen ist nahezu vollbracht. Hin und wieder
darf man sich auf ein Aufflammen des Widerstands=
geistes gefaßt machen: im großen Ganzen sind Ruhe
und Ordnung hergestellt. Sichern wir sie gegen jede
Wiederkehr willkürlich=anarchischer Zustände wie sie unter
der abgetretenen Regierung, nach kurzen Pausen an=
scheinender Besserung, immer wieder hervorgebrochen sind!
Kein Harač mehr, keine gelderpressenden Steuerpächter,
keine die Straßen und bewohnten Orte unsicher machen=
den Zaptijehs! Keine Möglichkeit daß ein „Drache von
Bosnien" von neuem erstehe und den Seinen zur wilden
Lust und Freude, aber den Andersmeinenden zu Qual
und blutiger Pein seine herrischen Orgien feiere! Nichts
mehr von dem gräßlichen „Menschenverzehren" einer

verbrecherischen Nacht und all' dem Fluch und den
Gräueln die ein afiatisches Eroberervolk über ehemals
glückliche Gefilde gebracht hat! Frei soll alles wieder
aufathmen, alle sollen sie unbehelligt und unangefochten ·
neben= und untereinander leben: Christ und Muslim
und Jude, Beg Aga und Kmet, jeder in seiner Sphäre,
jeder in seinem Rechte, jeder „nach seiner Façon"!

Und fühltet Ihr Euch, meine österreichischen Com=
patrioten, nicht selber im Innern gehoben, und ginge
Euch nicht selber das Herz auf, bei dem Gedanken einem
finster mürrisch und heimtückisch dreinblickenden Volke
von Sclaven die Freude und Lust am Leben, die Frei=
heit zu wirken, zu handeln, zu streben gebracht zu haben?!
Blickt hin in das benachbarte Fürstenthum Serbien, wo
es noch in den ersten Decennien dieses Jahrhunderts
nicht anders aussah als vor kaum einem Vierteljahr in
Bosnien und in der Hercegovina! Setzt einen Fuß
über dessen Gränzen, und wo Ihr die ersten Leute trefft,
da trefft Ihr auch Heiterkeit und Lebenslust. Der
Serbe ist in einer Hinsicht der Neapolitaner der Slaven=
welt — im Schreien! Alle Arbeit seiner Arme und
Beine ist zugleich eine seiner Athmungs=Organe: aber es
ist kein unwirscher zänkischer Lärm, es ist ein ge=
selliges Ineinandertönen kräftiger munter schaffender
Menschen:

Wo sich alle Glieder regen,
Will sich die Lunge auch bewegen!

Auf den Feldern herrscht wohlthuend reges Leben,
frohe Menschen arbeiten unter Liedern und Scherzen.
Der Pflüger ruft seine Rinder an, führt mit ihnen
förmliche Wechselgespräche, die Jungen und die säenden
Weiber geben plaudernd und schäckernd die Begleitung
dazu, oder stimmen einen ihrer nationalen Wechselgesänge
an. Auf den Marktplätzen, auf den Landstraßen in der
Nähe größerer Ortschaften waltet reges lebhaftes Treiben
mit Rede und Gegenrede, mit munterem Gruß und
Gegengruß, dazwischen wohl auch knallende Pistolen=
schüsse, womit der Serbe seine Ankunft und seinen
Abschied ankündigt. Selbst in den einsamen Wäldern
der Sumadija, wo aus der Ferne zwei lebende Wesen
einander in der Nähe wissen, schicken sie sich heraus=
fordernden Zuruf oder eine zur Erwiderung einladende
Strophe zu. Es ist, als ob die Leute heute noch, nach
fast einem halben Jahrhundert, die Erinnerung der Lei=
den ihrer Väter nicht verwunden hätten, und als ob sie
jeden Anlaß benützen müßten es einander zu erkennen
zu geben: Wie glücklich sind wir unserer Peiniger los zu
sein und uns nach freier Herzenslust ergehen und bewegen
zu können!

Anhang.

I

(Zu S. 91 f.)

Gruß derer von Kulišanac, Šarenac, Nikšić, Trebinje und der Uskoken an Ali Paša Rizvanbegović, Vezier der Hercegovina in Mostar!

Ehrenwerther Vezier!

Es geht ein Spruch: Uebel steht es mit einem Hause wo es keinen Wirth gibt; übel steht es mit einer Gemeinde wo es kein Haupt gibt; übel steht es mit einem Heere wo es keinen Anführer gibt; übel steht es mit einem Lande wo es keinen Re= gierer gibt. Das alles ist die reine Wahrheit; allein wir wissen noch ein weiteres zu sagen: Uebel steht es auch mit einem Lande wo der Regierer nicht zu regieren weiß. Wir kennen Dich wohl, ehrenwerther Herr, daß Du ein Mann von sehr gutem und arglosen Gemüthe bist und wir könnten es bei Dir so gut haben wie die Nieren in ihrem Fette; aber ach, wie sehr sind wir und

Dein ganzes treues Volk mit uns unglücklich und be=
trübt, daß diese Deine Güte viele Diener auf die Du
Dich stützest zu unserem Uebel mißbrauchen. Wenn Du
so gerecht wärest als Du gut bist, wir könnten es nirgends
besser haben. Güte und Gerechtigkeit, eine mit der
andern verbunden, machen ein Volk glücklich; aber eine
ohne die andere ist nichts werth, steht nicht für einen
Para, besonders bei einem Völkerregierer wie Du, ehren=
werther Herr, einer bist. Du gestattest nur zu sehr,
daß sich Deine Pašinica in die Vezierats=Angelegenheiten
mische, und was sie sagt dem stimmst Du bei, und
wenn es noch so unrecht wäre. Du siehst sehr wohl
daß Deine drei Söhne alles thun was ihnen gefällt,
und Du buldest es ihnen, denn Deine Güte vermag
ihnen nichts zu verweigern. Doch darüber wollen wir
uns nicht aufhalten und beklagen, weil wir einsehen daß
die Pašinica Dein treues und geliebtes Gemahl ist der
Du nichts abschlagen kannst; und wir wissen daß Du
Deine Söhne liebst wie Deinen Augapfel, obgleich es
sich nicht recht schickt daß sie sich in Deine Geschäfte
mischen. Aber ach, Leid und Wehe uns, daß Du Dich
Paša bei der Nase führen läßest von dem Jvan Angelo=
pul, und von dem Bischof Joseph der schon früher dem
Volke genug des Bösen zugefügt hat und noch immer
zufügt. Diese beiden geben sich Namen als ob sie von
wahrem griechischen Stamme wären; aber sie sind es
nicht, sie sind weggejagt von den Ihrigen und Du hast
sie aufgenommen als Deine ersten Rathgeber und Ver=
trauten. Guter Paša, Du hast Dein Volk hinter Dich
geworfen und die Zwei hast Du vor Dich gestellt, und
hörst auf sie, da sie Dir doch ein X für ein U vor=
machen*), und durch sie gibst Du Aergernis Deinem

---

*) wörtlich: Da sie Dir ein Horn für eine Kerze zeigen:
„a oni tebi kažu rog za svijeću".

ganzen Volk, dem nichts ein böserer Dorn im Auge ist
als solche Auswürflinge und Landstreicher. Hungrig und
voll Schulden kamen sie mit Gleißnermienen zu Dir,
und drehen Dich jetzt nach ihrem Geschmacke. Geehrter
Herr, Du bist vom wahren Wege abgewichen und wir
sammeln uns um Dich, damit wir Dich wieder auf den
rechten Weg bringen. Dein Volk vergießt bittere Thränen
und weint; aber Du siehst es nicht und hörst es nicht,
und doch wäre es gut, daß Du Dich überzeugtest und
fragtest: was sind die Ursachen davon? Die Ursachen
sind: die Misbräuche die verübt wurden; die ungerechten
Verwalter die mit dem Volke nach Willkür, aber nicht
nach dem Gesetze schalteten; und die Fahrlässigkeit der
Herrscher die sich auf ihre Diener blind verließen.

Sieh', ehrenwerther Pascha und Herr, was wir
wissen, das haben wir Dir auch alles hier gesagt, und
zwar aus unserer Versammlung auf der Golja Planina
am Tage des heiligen Dimitrije.

Im Namen der Versammlung
Prokopije Dubonja. •

II

(Zu S. 133—135.)

**Adresse der Bosnier an den Sultan, von einer
Deputation dem türkischen Gesandten Fürsten Kalimachi in Wien am 9. Februar 1858 überreicht.**

Euere kaiserliche Majestät!
Großer und gnädiger Herr!

Endunterzeichnete treu ergebene Unterthanen Euerer
Majestät flehen wir im Namen der treuen Rajah Bos=

niens die kaiserliche Gnade an, legen zu den Füßen
Euerer Majestät unsere Wünsche und Beschwerden nieder und gewärtigen von Euerer Majestät mächtigstem
Willen ein Ende der zahllosen Misbräuche und Verfolgungen, denen die Christen in Bosnien unaufhörlich
ausgesetzt sind.

Die großmüthigen und wohlwollenden Absichten
Euerer Majestät für die Christen sind uns sehr wohl
bekannt; doch leider! selten gelingt es dem kaiserlichen
Willen Euerer Majestät bis zu unserem Lande vorzubringen, und eben deswegen scheint es, als ob alle Ver-
besserungen, die im gesammten Kaiserreiche in's Leben
treten, für Bosnien gar nicht bestimmt seien. Mit
unseren Feinden schlossen den Bund eben diejenigen, die
berufen wären die Anordnungen Euerer Majestät zu
vollziehen. Die Kadis, Mudire und Musselims, nicht
nur daß sie uns vor der Willkür der Türken nicht beschützen und uns keinerlei Gerechtigkeit widerfahren
lassen, sondern dieselben sind eben diejenigen, welche
offen und unverholen laut verkünden, die Christen hätten
blos Pflichten und keinerlei Rechte den Türken gegenüber. Solchermaßen litten lange Zeit unsere Vorfahren
und leiden auch wir. Es blieb nichts anderes übrig, als
sich zu beugen, denn so erheischte es das Schicksal.
Seitdem aber das Licht der Civilisation auch in die
Türkei vorgedrungen, sann der erleuchtete Geist und
die hohe Weisheit Euerer Majestät auf Mittel und
Wege, einen dem Zeitgeiste entsprechenden Zustand zu
begründen.

Auch wir vernahmen mit größter Freude und kind-
lichen Dankbarkeitsgefühlen die Kunde, Euere Majestät
geruhten einen Ferman unter dem Titel Hat-Humayun
zu erlassen, welcher die Gleichberechtigung aller Unterthanen ohne Unterschied der Religion und Nationalität
sichern sollte. Im Vertrauen auf diesen großmüthigen

kaiferlichen Willen Euerer Majestät glaubten wir uns ohne Weiteres geschützt vor jeder Willkür und Verfolgung.

Es verstrichen wohl bereits zwei volle Jahre seit dieser Hat=Humayum das Tageslicht erblickte, aber leider! werden die größten Gewaltthätigkeiten, Gesetzlosigkeiten und Roheiten ununterbrochen wie ehedem geübt und fast schwindet jede Hoffnung in uns, er werde je in Bosnien eine Wahrheit werden.

Der Zustand Bosniens ist in vielen Beziehungen ein beispielloser, außerordentlicher.

Vor allem sei uns erlaubt, unumwunden und offen auszusprechen, daß in unserem Lande weder die Person noch die Habe gesichert ist. Ein Türke vermag noch so viele Verbrechen zu begehen ohne jedwede Furcht, je dafür bestraft zu werden; denn obgleich der Hat=Humayum die Christen zur Zeugenschaft gegen die Türken berech= tigt, so ist doch diese Anordnung in Bosnien noch ohne jede Geltung und Werth. Wenn ein Türke einen Christen ermordet, kann er ungeachtet dieses Mordes unbesorgt und ruhig schlafen, wenn nur kein Türke als Zeuge gegen ihn auftritt, weil eine noch so große Anzahl christ= licher Zeugen keinen Beweis gegen einen solchen Mörder herstellt. Die Person eines Christen ist daher in Bos= nien auf keinerlei Weise gesichert. Das Wunderbarste in Bosnien ist jedoch der Umstand, daß die zur Sicher= heit und zum Schutze gegen Gewaltthätigkeit und Will= kür berufenen Behörden eben diejenigen sind, welche solche Greuelthaten üben, vor denen jeder mit Entsetzen zu= rückbeben müßte. Von vielen Beispielen sei hier blos eines erwähnt. Stephan Stojšić aus Kubićpolje und Stephan Narandžić aus Korenica, Peter Starčević und der Ortsälteste (knez) Nikolaus Mikić aus Tolisa hatten zwar Muth, sich der Willkür eines Aga zu widersetzen und die ungerechte Abgabe des Drittels zu verweigern, wurden aber auf Befehl der Behörde jeder

mit fünfhundert Fußsohlen=Hieben bestraft. Von diesen
Unglücklichen blieb der einzige Mitić am Leben, denn
die übrigen gaben ihren Geist noch während der Exeku=
tion auf. Solche Vorgänge vereinen sich keineswegs mit
den Gefühlen Euerer Majestät und mit den Anordnungen
des Hat=Humanums, der, so viel wir vernahmen, von
nun an jedes Martern abschafft und nur solche Be=
strafungen anbefiehlt, die mit der Gerechtigkeit vereinbar=
lich sind, der auch nicht zuläßt, daß mit dem Menschen
gleich einem Thiere verfahren werde.

Anlangend die Habe, erlauben wir uns Euerer
Majestät von unseren Grundstücken besonders zu reden
und bitten unterthänigst, diesem Gegenstande die beson=
dere Aufmerksamkeit zu schenken, da wir von Gewalt=
thätigkeiten sprechen wollen, die nur in Bosnien und
nirgends sonst in Europa zu finden sind! Die bos=
nischen Agas und Begs behaupten, das bosnische Erb=
reich sei weder das Euerer Majestät noch das der Rajah;
denn sie sind es, — wie sie sagen — die dieses Land
von Euerer Majestät um ihre Dukaten abkauften; wir
Rajah haben uns damit zu begnügen, daß sie es uns
gönnen, in demselben zu wohnen und es zu bearbeiten;
in ihrer Macht stehe es uns Alle, wie wir sind, fortzu=
jagen, da wir ihre Sklaven sind und sie unsere Herren.
Als Grundbesitzer (čitluk-sahibije) fordern dieselben
von uns das Drittel von gesamten Naturerzeugnissen;
wir frugen diese Begs nach ihrem Rechte dieses Drittel
zu verlangen, allein, da ihnen ein solches Recht nicht
zustand, konnten sie uns auch keine Schrift darüber vor=
weisen, denn das Drittel entstand entweder durch Ge=
walt oder Betrug. Es gibt in Bosnien Leute, welche
sich recht gut zu erinnern wissen, daß solche Čitluks erst
vor kurzer Zeit entstanden sind. Was immer für ein
Beg kam mit bewaffneter Hand und zwang die Rajah
zum Versprechen, ihm die Grundstücke entweder abzu=

treten oder ihm das Drittel zu leisten. Auf diese Weise entstand die Mehrzahl der bosnischen Čitluks. Daß jedoch diese Čitluks in unserem Lande nie zu Recht bestanden, geht auch aus dem Umstande hervor, daß der Groß-Vezier Rešid Paša, als er im Jahre 1830 gegen die aufständischen Albanesen mit bewaffneter Macht zog, über Anhörung der Beschwerden Seitens der Rajah, alle Čitluks um Sjenica in dem Orte Stari-Blah ohne irgend welche Entschädigung aufhob. Dies der Sachverhalt. Das Drittel ist ein großes Elend und Unglück für unser Land, denn ob desselben verarmten wir alle. Die getreue Rajah Bosniens ist bereit, jede Steuer zu entrichten, welche Euere Majestät einzuführen für gut finden werden, aber das Drittel raubt uns alles, und die willkürliche Art des Eintreibens brachte die christlichen Familien an den Bettelstab. Die bosnischen Begs begnügen sich nicht mit dem Drittel in Natura, sondern schätzen dasselbe in Geld ab, aber so, daß die Geldabgabe den Werth der gesamten Frucht bei weitem übersteigt. Es geschieht oft, daß man sich begnügen muß, wenn der Beg die ganze Frucht wegnimmt und nur noch nebenbei auch kein Geld fordert. Wie erwähnt, müssen wir von allen Erzeugnissen den Begs das Drittel zahlen, und doch sind dreiundbreißig Körnerarten, von welchen sie das Drittel verlangen; so müssen wir das Drittel auch von Tabak Erdäpfeln Kraut Flachs u. s. w. ja sogar von Blumen leisten, von Heu verlangt man nicht das Drittel, sondern die Hälfte, und diese muß auch gegeben werden. Hieraus ersieht man, daß es den Anschein eines Raubes hat, und daß die Abgabe des Drittels unerschwinglich und unser Ruin ist.

Euere Majestät verkünden uns im Hat-Humayum, jede Steuer und namentlich das Zehntel sei lediglich dem Kaiser allein zu entrichten, und es sollen keine Pächter mehr bestehen. Mit größter Ungeduld harren

wir der Zeit, daß diese wohlwollende Anordnung eine
Wahrheit werde, weil wir bis auf den heutigen Tag
noch immer unter dem gewaltthätigen Drucke der Päch=
ter seufzen, welche die arme Rajah weit mehr schinden
als die Begs selbst. Aber auch die Pächter begnügen
sich nicht mit dem Zehntel der Naturerzeugnisse, son=
dern verlangen die Ablösung in Geld, und zwar in
solchen Summen, die jene durch die Begs geschätzten
weit übertreffen, und wenn man sie bedeutet, der Beg
habe die Erzeugnisse niedriger angeschlagen, entgegnen
sie: „Der Beg konnte es schenken, es kostet ihn nichts,
aber ich zahle dafür den Pachtzins und muß auf meinen
Vortheil bedacht sein." Es gibt auch solche, welche für
die Eichelung Geld und Schweine verlangen, und hierbei
sind sie solche Tyrannen, daß sie in der Muttersau selbst
die zukünftigen anzuhoffenden Spanferkeln mit abschätzen.
Und ist man nicht im Stande die verlangte Abgabe zu
leisten, so werden die größten Gewaltthätigkeiten geübt,
man wird gebunden, mißhandelt und eingesperrt in den
Schweinstall, wo man mit dem Rauche von unterzun=
renem Stroh und auf alle mögliche Weise die Ein=
gesperrten martert, so lange bis das Lösegeld entrichtet
wird. Einst behelligte man wenigstens die christlichen
Weiber nicht, aber jetzt achtet man nicht mehr darauf,
dieselben werden eben so mißhandelt wie die Männer.
So schlug der Beg Jakum Talirović in Cengić in
der Zvorniker Nahija unlängst ein schwangeres Weib so
heftig auf den Leib, daß sie eine Fehlgeburt machte und
starb. Das größte Uebel jedoch ertragen wir von den
Albanesen, welche die Pächter mit sich bringen und die
wir die ganze Zeit ihres hierlandigen Aufenthaltes ohne
irgend welche Entschädigung verpflegen müssen.

Da wir eben von der Willkürherrschaft der Pächter
reden, wollen wir noch eine Art uns gewaltsam aufer=
legter Steuer erwähnen, nämlich die dem Mudir zu

bezahlende Feſtſteuer (slavarina), welche mit einer
ſolchen Unbarmherzigkeit eingetrieben wird, daß auch die
ganz armen Häuſer, die nicht einmal im Stande ſind
den Namenstag feſtlich zu begehen, dieſe Steuer eben=
falls bezahlen müſſen.

Was die kaiſerliche Steuer anbelangt, wäre dieſelbe
für uns in keiner Hinſicht drückend, wenn die Drittel=
und Zehent=Einnehmer uns nur nicht alles wegnähmen.
Da wir jedoch durch die Begs und Pächter gänzlich an
den Bettelſtab gebracht worden ſind, ſo iſt es leicht er=
klärlich und ganz natürlich, daß hierdurch das kaiſerliche
Aerar den größten Schaden leide.

Schließlich können wir auch die Militär=Befreiungs=
taxe nicht unerwähnt laſſen. Euere Majeſtät kennt wohl
die Treue der bosniſchen Rajah, deswegen war unſer
Wunſch und wird es auch ſtets ſein, Euerer Majeſtät
zu zeigen daß wir bereit ſind unſer Blut für den Thron
Euerer Majeſtät zu vergießen. Geruhen alſo Euere
Majeſtät gnädigſt anzuordnen, daß auch wir der Militär=
pflicht unterzogen werden, und dies um ſo mehr, weil
die Militär = Befreiungstaxe für uns bosniſche Rajah
unerſchwinglich geworden iſt, da wir vor allem kein
Geld zum Zahlen beſitzen.

Aus dem Geſagten wird Euere Majeſtät gnädigſt
entnehmen, daß die bosniſche Rajah ſich in der äußerſten
Noth befinde. Das Drittel, der Zehent. Militär=Be=
freiungstaxe und die Steuern verſchlingen alles, was
zu unſerem und unſerer Familien Unterhalte nothwendig
wäre. Es geſchieht, daß man, angetrieben von Hunger,
ſein eigenes Kind verkaufen muß, um die übrige Familie
nicht zu Grunde gehen zu laſſen. Zu dem allen geſellt
ſich, daß nicht einmal unſere Perſon von der Gewalt=
thätigkeit unſerer Glaubensfeinde geſichert ſei. Viele
Chriſten zehrte die Nacht auf (Mnoge hriśtjane
noc izjede), ohne daß man weiß, warum und wodurch.

20*

Zuletzt ergriff die Verzweiflung die bosnische Rajah, und dieselbe ist gesonnen, Land und Haus zu verlassen und auszuwandern, wenn ihr nicht die Allerhöchste Gnade Euerer kaiserlichen Majestät zu Theil wird.

Um unserem großen Elende ein Ende zu bereiten und jede Unzufriedenheit zu dämpfen, welche die Verzweiflung herbeizuführen im Stande wäre, erlauben sich die endunterzeichneten getreuen und ergebenen Unterthanen und Diener Euerer kaiserlichen Majestät im Namen der getreuen Rajah Bosniens unterthänigst zu bitten, Euere Majestät geruhe sich unser allergnädigst zu erbarmen und einen Ferman für Bosnien zu erlassen, in welchem angeordnet würde, daß

1) alle Eitluks und das damit verbundene in Bosnien aber nie zu Recht bestandene Drittel aufhöre, und daß

2) der Zehent im Sinne des Hat-Humayums direkt Euerer Majestät entrichtet werde;

3) daß die Verfügung getroffen werde, daß auch die Rajah militärpflichtig werde und demzufolge die Bezahlung der Militär-Befreiungstaxe aufhöre; und schließlich

4) daß angeordnet und verbürgt werde, daß wir ohne irgend welche Verfolgung Seitens der bosnischen Behörde frei und ungehindert nach Bosnien zurückkehren dürfen.

Wir sind überzeugt, daß Euerer Majestät unaufhörliche Sorgfalt auf das Wohl aller Nationen des großen Kaiserreiches gerichtet ist, und diese wohlwollenden Absichten Euerer Majestät gegenüber der christlichen Nation beleben uns mit der Hoffnung, daß die traurige Stimme der armen bosnischen Rajah einen Wiederhall in dem großmüthigsten und gnädigsten Sultan Abdul-Medzid finden werde, für deſſen Glück und Geſundheit wir den Allmächtigen ohne Unterlaß bitten.

Im Namen der bosniſchen Rajah bevollmächtigte Vertreter.

Athanaſius Veſelinović. Boźo Glikić. Georg Ron= ćević. Thomas Merŝić. Simeon Jovanović. Jo= hann Koić. Johann Boźić. Georg Toborović.

III

(Zu S. 151.)

Denkſchrift der hercegoviner Aufſtändiſchen an die europäiſche Conſular-Commiſſion 1875.

Hochverehrte Delegirte Europas!

Durch volle vier Jahrhunderte ſchmachtet die be= klagenswerthe und elendige Rajah, die Chriſten der Hercegovina, in der Knechtſchaft unter der türkiſchen Tyrannei und unter Bedrückungen jeglicher Art, ohne daß während dieſer langen Zeit die Cultur-Großmächte Europas auch nur einmal auf dieſe unzähligen Leiden und Verfolgungen mit Erbarmen herabgeblickt hätten. Die unglückliche Rajah der Hercegovina konnte den Druck der türkiſchen Tyrannei und Grauſamkeit, die un= zähligen Verfolgungen Gewaltthaten Beſchimpfungen und Qualen nicht mehr ertragen, darum erhob ſich in dieſem Jahre die ganze Rajah und griff zu den Waffen, um doch einmal im neunzehnten Jahrhundert der Cultur dem gebildeten Europa zu zeigen, welche Sünde und welch' große Schmach es für Europa iſt, wenn es duldet, daß das unglückliche ſlaviſche Volk in der Hercegovina von der türkiſchen Barbarei, nach wie vor und ohne Unterlaß, unterdrückt gequält verfolgt und in Unwiſſen= heit gehalten werde.

Wir hören, geehrte Herren, daß Sie Ihre Herrscher ausgeschickt haben, um unsere traurige Lage, unsere Klagen und Qualen, sowie die Ursachen zu erheben, warum wir zu den Waffen griffen. Nun, wir wollen Ihnen die reine Wahrheit und alle diese Ursachen sagen, obzwar Sie es ganz und gar nicht nöthig haben; denn jedermann von Ihnen sind die Verfolgungen, die wir erdulden müssen, die Türkei, die türkische Barbarei und ihre Gewaltacte nur zu gut bekannt.

1. Fangen wir also beim Aga an. Der bedauerns= werthe Landwirth, welcher vom Aga einige Grundstücke in Pacht genommen hat, muß die Felder düngen und bebauen, dabei dem Aga so viel geben als er verlangt, d. i. niemals weniger als die Hälfte aller Einnahmen. Drei= bis viermal besucht der Aga den Landmann, da kommt er aber mit allen seinen Schergen, und der arme Mann wird vom Aga gezwungen, ihn sowie seine Leute und Pferde zu erhalten, denn sonst wird er geprügelt und in's Gefängnis geworfen.

2. Im türkischen Reiche wird — was nirgends auf der Welt geschieht — die Einhebung der Reichs= steuer (des Zehents) verpachtet, die Pächter setzen sich mit den Beamten in's Einvernehmen, verlangen mehr als ihnen gebührt, schinden die Leute, und Du Rajah zahle, was ihnen beliebt, und dann gehe und be= klage Dich!

3. Außerdem aber, geehrte Herren, werden noch viele andere Steuern vorgeschrieben, welche erbarmungs= los eingetrieben werden, die arme Rajah muß alles zahlen, den Harač, die Pusul, Askeriv — zahlen und wieder zahlen.

4. Das Zusammenzählen des Viehstandes geschieht seit jeher auf die unordentlichste und ungerechteste Weise: die Türken sind die Conscriptoren, welche ihren türkischen Glaubensgenossen gar nichts zählen, dem Christen aber,

wenn er zehn Stück Vieh besitzt, breißig Stück auf=
rechnen, damit der arme Christ seinem Aga recht viel
für Grasnutzungen zahle. Wem soll er nun sein Leid,
bei wem über diese Ungerechtigkeit klagen? Dem Ali!
Wer ist da Richter? Ali!

5. Wird ein Christ zu Gericht gerufen oder be=
langt er einen Türken bei Gericht, so findet der Christ,
wenn er nicht zwei Türken als Zeugen führt, keine
Gerechtigkeit und wird überdies noch eingekerkert.

6. Unsere Mädchen und Weiber schleppen die Türken
gewaltsam fort und überführen sie zum türkischen Glau=
ben; so geschah es auch im vorigen Jahre mit einer
österreichischen Staatsangehörigen in Stolac.

7. Tritt ein Christ als Zeuge gegen einen Türken
auf, so ist der Unglückliche am dritten Tage nicht mehr
unter den Lebenden.

8. Unsere Geistlichen, unsere Kirchen, unsere Glocken
und Kirchenbilder sind den Türken ein Greuel, und das
alles beschimpfen und verunglimpfen sie öffentlich und
ungestraft.

9. Steuern zahlen wir dem Sultan über alle
Maßen und müssen auch viele andere schwere Lasten
tragen; aber für unsere Bildung sorgt niemand, wir
haben keine Schulen, und jeder, der sie verlangen
würde, wird eingekerkert oder bezahlt sein „Auflehnen
gegen die Obrigkeit" mit dem Leben.

10. Sind irgendwo auf des Caren Straßen oder
Besitzungen Arbeiten zu verrichten, so muß die Rajah
fünf bis sechs Tagereisen von ihrer Heimat entfernt
schweißtriefend ohne Brod und ohne Zahlung arbeiten,
während die Türken von derlei Leistungen befreit sind.

11. Braucht man Pferde zur Verführung des Pro=
viants für türkische Truppen, alsogleich rücken Zaptijehs
in die Dörfer ein und müssen da von den Inwohnern
verköstigt werden; in der Früh schleppen sie Leute und

Pferde mit sich fort, welche durch fünfzehn bis zwanzig
Tage ohne Nahrung, ohne Zahlung zur Arbeit ver=
halten werden.

12. Wie können wir beim türkischen Gerichte Ge=
rechtigkeit finden, wenn dasselbe aus mehreren wüthenden
Türken und aus blos zwei Christen zusammengesetzt ist,
welch' letztere dann gezwungen sind, für jeden noch so
gerechten Christen selbst die Todesstrafe mit zu unter=
schreiben.

13. Entschuldigt ein Christ, der zur Arbeit oder
Vorspannsleistung aufgefordert wurde, sein Ausbleiben
durch anderweitige eigene Beschäftigung, durch seine oder
der Seinigen Krankheit, so findet er kein Gehör, kein
Erbarmen; alsobald kommt ein Zaptieh herbeigerannt,
prügelt ihn, peitscht ihn nicht selten zu Tode oder treibt
ihn in Verzweiflung.

14. Die von den Türken den Gerichten zur Ent=
scheidung vorgelegten Rechtsgeschäfte finden alsbald ihre
Erledigung; thut dasselbe ein Christ, so muß er auf
Jahre hinaus warten oder zur Bestechung seine Zuflucht
nehmen, wobei die verwendete Summe zehnmal größeren
Werth hat als seine Rechtssache selbst.

15. Auch die Sicherheit des Eigenthums und der
persönlichen Freiheit können wir bei den Türken nicht
finden. Hier sind Beispiele: Um seiner Militärpflicht
in der Nizam zu entgehen, flüchtete sich Alis Pivodić,
ein Türke aus Mostar, aus dieser Stadt, österreichische
Unterthanen sahen ihn, als er Metković passirte; aber
den Türken gilt die Zeugenschaft der österreichischen
Unterthanen nichts, dafür wurde der unglückliche Djordje
Cirić eingekerkert, welcher schon anderthalb Jahre im
Gefängnisse schmachtet, und das wegen seiner Ge=
rechtigkeitsliebe. — Ein anderes Beispiel: Die Türken
in Mostar kannten den rühmlich bekannten Djordje
Belobrk, welcher gute Geschäftsverbindungen mit Triest

unterhielt, nicht leiben; sie mißhandelten ihn zu Tode
und beschuldigten dann bessen Neffen, er hätte sich an
seinem Onkel vergriffen und nahmen ihn gefangen. Um
seine Freiheit wieder zu erlangen, mußte er all' sein
Vermögen ben Türken ausliefern und sich, um nur sein
nacktes Leben zu retten, auf österreichisches Gebiet flüchten.
Wie können wir unter ben Türken unseres Lebens sicher
sein, nachbem die Türken erst unlängst in Struge zwei
österreichische Unterthanen aus Metković, ben Stepa
Neraja und Peter Magzan zu Tode mißhandelt hatten?
Dasselbe thaten die Türken in Gabela bem Oesterreicher
Nikola Sukovac, und in Gabela einem anderen österreichischen Unterthanen. Vor kurzem ergriffen die Türken
einen Flüchtling aus ber Türkei auf einem österreichischen
Schiffe, woselbst er ruhig arbeitete, und schleppten ihn
an ber Kehle grausam gebunden nach Mostar mit sich
fort. Wie können wir unseres Lebens sicher sein, wenn
ferner unlängst die Türken auf Ehrenwort ben Marko
Kresić und Philipp Kresić einluben, wieder in ihre
Wohnungen in Sekose (?) zurückzukehren, und bieselben,
als sie so thaten, in Stücke hieben? Unter benselben Umständen wurden zwei Bürger in Grabal, zwei in Ztovo,
zwei in Brstanica und zwei in Paprate niebergemetzelt.

16. Wenn der Aga kommt, so ist sein erstes das
Kreuz, die Heiligen, die Altäre, Kirchen u. s. w. zu
verunstalten, wie es vor zwei Monaten Jbrahim Beg
Gavran aus Počitelj und die Söhne des Jbrahim Beg
Murabbegović aus Visić thaten, welche wüthenb burch
das Dorf rannten, Christum und die Gottesgebärerin
beschimpften und uns sowie unsere Weiber mißhandelten.

17. Die türkischen Gewaltthaten haben keine Gränzen. Smail Aga Sarić, welcher in Stolac als Richter
fungirt, nöthigte burch Gewalt die unglückliche Rajah,
ihm die Sümpfe, Ruzat genannt, zu entwässern und
wußte die Sache so einzurichten, baß es ben Anschein

hatte, daß die Leute auf des Caren Straßen arbeiten; für die geleistete Arbeit erhielten die abgehetzten Leute keinen Para. Dies that jedoch nicht der genannte Aga allein, so thut's ein jeder Türke.

18. Eine Administration kennt die türkische Re= gierung gar nicht; die türkischen Beamten sind schlecht gezahlt und verlegen sich deßhalb auf Uebervortheilungen des Volkes, auf Erpressungen, Gewalt=Acte und sonstige Ungesetzlichkeiten.

19. Ueberhaupt scheint es den Türken ein Ver= gnügen zu bereiten, wenn sie die unglückliche Rajah mit Ungesetzlichkeiten maltraitiren; die ganze Verwaltung wird in türkischer Sprache geführt, welche die Rajah nicht versteht, und bei dieser Sachlage thun die türkischen Beamten alles was ihnen beliebt.

20. Die Sümpfe, genannt Rasno, welche sich von Varba Glavica bis Glavica Kozarica hinziehen, gehörten in das Grundeigenthum der Bauern von Rasno und hatten auch die Einwohner von Rasno dieses sumpfige Territorium seinerzeit entwässert und in fruchtbare Felder umgewandelt; da kamen aber die Türken Muj Aga Mehmedbašić, Mula Alier Mehmedbašić, Achmet Aga Mehmedbašić, Derviš Aga Grebo, Agi Beg Bašanić, Memis Aga Ciber, Mehmed Uskovic und eigneten sich die ganze tausend Joch umfassende Area gewaltsam an.

Hochverehrte Herren! Diese und ähnliche Qualen und Unterdrückungen, die wir tagtäglich von den Türken erdulden müssen, diese türkische Barbarei und schreienden Gewaltthaten drückten der unglücklichen Rajah die Waffen in die Hand zur mannhaften Vertheidigung alles dessen, was ihr nach Recht gebührt und was ihr heilig ist. Wir ergriffen die Waffen, um uns unserer grausamen Erbfeinde zu erwehren, doch nicht wir haben die Türken angegriffen, sondern die Türken haben uns überfallen. Wie hungrige Wölfe sind sie in unsere friedlichen Dörfer eingefallen, voran Abjalija Ugljeu, den man aus dem Medžlis (Gerichtssitz) von Mostar ausgeschickt hatte, um uns zu „beruhigen"; die friedliche Ortschaft Gorica wurde überfallen, ausgeplündert und in Brand gesteckt, ein achtzigjähriger Greis und zwei unmündige Kinder niedergemetzelt.

Sodann griffen die Türken das Dorf Dračevo an, ermordeten hier sieben Christen, vertrieben die übrigen, raubten alles was ihnen in den Weg kam, und steckten sodann das Dorf in Brand. Der Räuberrotte standen Ibrahim Beg Gavran und die Söhne des Ibrahim Beg Muratbegović an der Spitze. Doch an so viel Barbarei hatten die Türken nicht genug. In der Ortschaft Doljane schlugen sie die Kirchenthüre ein, schändeten den Altar, durchschossen das Bild der heiligen Jungfrau Maria, zerschlugen die Kirchenglocke und schleuderten sie in's Wasser. Doch auch damit war der türkischen Greuelthaten nicht genug: gleich hungrigen Raubthieren überfielen sie das friedliche Dorf Doljane, drangen in die Wohnhäuser ein, raubten hier Honig Butter Getreide, kurz alles was sie fanden, vernichteten die Ernte und die Tabakfelder und steckten das Dorf in Brand. Folgten dann andere schreckliche Gewaltthaten; die Dörfer Dubravica, Brštanica, Cetoljub, Unter- und Ober-Rasno wurden ausgeplündert und sodann ebenfalls in Brand gesteckt.

„Hochverehrte Herren! Europa hat bisher so manchen Thronwechsel herbeigeführt, so manche gebildete und auch christliche Könige, Kaiser und Fürsten vom Throne gestürzt, und heute, im Zeitalter der hohen Cultur, wollen Sie den Thron des türkischen Barbaren stützen und erhalten?

Hochverehrte Herren! Unter der türkischen Peitsche können und wollen wir nicht leben, Menschen sind wir und kein Vieh. Wenn Sie

uns nicht helfen wollen, zwingen können Sie
uns nicht, in die Knechtschaft wieder zurückzu=
kehren. Den Versprechungen der Türken glau=
ben wir nicht und betreffs der Garantien, die
Sie uns bieten, überzeugten wir uns, daß sie
bei den Türken keinen Pfifferling Werth haben.
Wir wollen die Freiheit, die wahre vollkom=
mene Freiheit! Lebend werden wir in der Türken
Hände nicht gerathen.

Metković, 12. September 1875. ·

IV

Petition der bosnischen Flüchtlinge an den FBM. Baron v. Molinary in Agram Februar 1876.

Erhabener Herr!

Von mehreren Seiten drang die Nachricht zu uns,
daß die Regierung der gnädigsten Majestät des Kaisers
von Oesterreich, im Einverständnisse mit den Regierungen
von St. Petersburg und Berlin, ein Schreiben dem
allmächtigen Padišah in Stambul geschickt hat, in wel=
chem zu Gunsten der Rajah in Bosnien und in der
Hercegovina einige Rechte und Erleichterungen verlangt
werden. Wir haben uns daher das fragliche Schreiben
durch unsere Vertrauensmänner anschaffen vorlesen und
erklären lassen, da wir darin ein Heilmittel und
einen Balsam für unsere schweren Leiden zu finden
glaubten.

Indessen erfuhren wir, daß uns auch von jener
Seite Stürme drohen, woher wir sicheren Schutz er=
warteten.

Die schweren Leiden der bosnisch-hercegoviner Rajah unter der wilden rauhen und gesetzlosen Herrschaft der Türken und ihrer Agas und Begs sind jedermann bekannt, und ihrerseits mußte die arme, sich selbst überlassene Rajah, um dem verzweiflungsvollen Kummer zu entgehen, gegen den wüthenden Bedrücker die Waffen ergreifen.

Wir verstehen daher nicht, warum das genannte Schreiben so und nicht anders lauten mußte.

Indem wir aber dasselbe betrachten, wie es ist, kommen wir zur Einsicht, daß die Leiden und Schmerzen der armen Rajah in Bosnien und der Hercegovina weder die Veranlassung zu jenem Schreiben waren, noch dessen Gegenstand sind.

Das Schreiben selbst sagt ja, daß es durch den Aufstand hervorgerufen, daß sein Ziel aber die Erhaltung des Lebens und der Kraft des Sultan-Reiches ist. Aus diesem Grunde strebt das Schreiben blos die Pacifikation der insurgirten Provinzen an, aber nicht zum Ruhme und zur Ehre des Kreuzes, wie auch nicht, um den auf dem Kreuze basirten menschlichen Fortschritt, das Recht und die Freiheit zu sichern. Man hatte nur den Ruhm und die Ehre des Halbmondes, sowie die durch ihn bedingte Verfolgung und Sclaverei im Auge.

Daher gibt es, o erlauchter Herr, nichts in jenem Schreiben, was der allmächtige Sultan in seinen Hati-Humajums und Fermans nicht bereits gewährt hätte, und zwar zum Nutzen der Rajah. Aufzuzählen alle bisherigen Versprechungen und ihren Werth zu erhärten, wäre wohl überflüssig. Es ist ein vergebliches Bemühen, zu vereinen was durch die Natur unvereinbar erscheint. Und könnten selbst Kreuz und Halbmond sich vertragen, sei es zum Schaden des einen oder des andern, so würden dazu viel Arbeit und Zeit nothwendig sein.

Die Erfahrung lehrt uns, daß die Versprechungen des allmächtigen Sultans selbst in Friedenszeiten sich nicht verwirklichen ließen. Am allerwenigsten kann es jetzt geschehen, wo die Leiden und Unbilden auf beiden Seiten ihren Höhepunkt erreicht haben. Wir benöthigen eine rasche und entschiedene Hilfe von Seite der Großmächte, mit einer anderen ist uns nicht gedient. Sind die Mächte nicht in der Lage, eine solche Hilfe uns zu gewähren, so mögen sie uns unserem Schick= sale überlassen. Wir sind überzeugt, daß uns kein Schreiben, sei dasselbe an wen immer gerichtet, welches nicht mit Schwert und Blut geschrieben ist, helfen kann.

Wir bedauern auch tief, daß die Absender jenes Schreibens unsere freie Bewegung verhindern wollen.

Man sagt, die Mächte mußten die Ehre und Un= abhängigkeit des Sultans schützen; wir glauben, die Mächte hätten auch die Ehre und den freien Willen jener Staaten beschützen sollen, welche uns zu Hilfe kommen wollten und sollten. Dem ist aber nicht so. Während die Unabhängigkeit des Sultans geschützt wird, werden die christlichen Völker in Bosnien und der Hercegovina in die schwersten Ketten geschlagen, sowie auch die Staaten, welche mit mehr Recht „Staaten" heißen, als der Stambuler Staat.

Erhabener Herr! Aus dem nach Konstantinopel geschickten Briefe, selbst wenn ihn der Sultan ange= nommen, ersehen wir, woran wir sind. Die Türken in Bosnien und der Hercegovina lachen nach wie vor über solche Briefe, sagend: „Niemals kann das Kreuz dem Koran gleichgestellt werden: die Djaurs können nie mit den Nachfolgern des Propheten gleichberech= tigt sein."

Erhabener Herr! Du warst gnädiglich uns gegen= über, übergib dem Kaiser und König von uns unsern wärmsten Dank für den uns gewährten Schutz und

Hilfe; gleichzeitig bitte aber auch den Kaiser, Aller=
höchstderselbe möge auch in Zukunft unseren Familien
Schutz und Hilfe nicht versagen. Wir, die wir bald
nach der Heimat werden zurückkehren müssen, um dort
entweder die Freiheit oder das Grab zu finden,
bitten Dich, Du mögest uns die Waffen zurückerstatten
lassen, die wir beim Uebertritt auf diese Seite den
Behörden abliefern mußten. Denn in den Waffen liegt,
wenn nicht die Rettung, doch die Gewähr, daß wir
nicht ungerächt sterben werden.

Wir verbleiben in der festen Zuversicht, daß diese
unsere traurige Bitte von Dir gnädiglich aufgenommen
und Sr. Majestät dem Kaiser und König je eher zu=
gestellt werden würde.

Im Namen der bosnischen Flüchtlinge:

Basso Vidović, Ilija Bilbija, Joro Bilbija,
Spassoje Babić, Cimo Stefanović, Bozo Ljuboja,
Stojan Vučenović, Risto Dukić, Pane Nikolić,
Mica Surlan, Miloš Rodić, Marko Pengerić,
Pope St. Popović, Pope Tešeč Petkovič, M. Smi=
tran, Simo Somber, Pope Ignatje Popović, Djuro
Marjanović, Bozo Davidović, Dragoje Bralić,
Zvojo Motaul, Djuro Lendić.

V

(Zu Seite 249.)

Denkschrift der orthodoxen Bevölkerung des Vilajets Prizren an die Minister des Auswärtigen der Pariser Tractat-Mächte April 1877.

Excellenz!

Schrecklich und elend ist unsere Lage. Bedrückungen Verfolgungen und Qualen sind unser Loos seit Jahrhunderten, und hundertfach sind unsere Leiden seit dem Jahre 1767 gestiegen, wo die türkischen Machthaber unser eigenes Patriarchat in Peć (Jpek) aufgehoben haben. Wir haben seit jener Zeit keine Priester mehr, denn man sendet uns aus Caregrad (Konstantinopel) Phanarioten, die wir nicht verstehen, die uns berauben und bedrücken, aussaugen und verderben. Deren Anforderungen und Gewaltthaten brechen unsere Kraft, denn wir haben außer ihnen noch Tausende einheimischer und hergelaufener Räuber zu ernähren, als: Mudirs Muftis Kabis Zaptijehs Praschalaren, die unser letztes Hab und Gut an sich reißen und davontragen.

Unser Boden ist fruchtbar; wir haben Felder und Wiesen, Weiden und Wälder; und doch ist trotz unserer schweren Arbeit Hunger, Elend und Noth unser tägliches Brod. Unser Leben ist eine Reihe von Unglücksfällen und Schrecknissen. Man schlägt uns, macht uns zu Krüppeln, tödtet uns: unsere Frauen und Töchter werden geraubt und geschändet. Der Türke, der ein serbisches Mädchen stiehlt, wird frei vom Militärdienst. Essad-Beg Derlović aus Htetovo, ein Verwandter von

Atif Paša, that hundert und zwei ſerbiſchen Mädchen
Gewalt an; ſie werden alle als ſeine Frauen gerechnet und
keine wagt es zu heiraten. Jahraus jahrein ſterben Hun=
derte unſerer Brüder für nichts und wieder nichts.
Unſere Klagen und Zeugenausſagen haben beim Gericht
keine Geltung. In der Stadt können wir uns gefahr=
los nicht zeigen, denn Steinwürfe begrüßen unſer Er=
ſcheinen. Die Prieſter verlaſſen am Tage nicht ihre
Wohnungen, denn ſie risquiren ihr Leben. In die Kirche
gehen wir nur des Nachts und begraben unſere Todten
nur im Dunkeln; die Leichenzüge werden überfallen, der
Sarg umgeworfen, die Leiche in den Koth geſchleudert.
Eine Reihe von Martern und Qualen iſt unſer Leben
von der Wiege bis zum Grabe. Wir gehen ſchlafen
mit der Furcht, den anderen Tag nicht zu erleben.

Die Tyrannei Vergewaltigung und Rohheit haben
bereits alle Gränzen überſchritten. Auf Befehl des Derwiš
Paša, der aus Aſien und Europa in Mitrovica Baſi=
bozuks zuſammengezogen, wurden unſere Anſiedlungen
in Koſovo=Polje verbrannt, beraubt und vernichtet;
121 Dörfer gingen in Flammen auf, 19 Kirchen wur=
den verwüſtet, an 300 Anſiedlungen wurden geplün=
dert und mehr als 2000 Menſchen wurden entweder
getödtet oder in die Sclaverei geſchleppt.

In unſeren Tempeln gibt es keine Glocken, weil
die Türken uns nicht geſtatten frei zu Gott zu beten.

Und dies alles geſchieht im Lande unſerer Väter,
inmitten unſerer Kirchen und Klöſter, unſerer Feſt=
ungen und Schlöſſer, der Zeugen unſerer Vergangen=
heit, inmitten der Heiligthümer, die uns unſere Könige
und Caren gebaut. Man will uns zu Türken machen.
Wir wollen, wir können dies nicht thun, wir können
den Glauben unſerer Väter nicht abſchwören, unſere
Nationalität nicht wechſeln. Es iſt uns unmöglich,
länger unter türkiſcher Gewalt und Tyrannei zu leben.

v. Helfert, Poeniſches.

Anderthalb Millionen Alt-Serben flehen um ihre Rettung; ihre Bitte ist keine kühne; vergessen von Europa, flehen sie um eine administrative Autonomie, wie sie Bosnien zugesagt, oder um die administrative Vereinigung Alt-Serbiens mit Bosnien. Helfen Sie den Bedrückten! Frieden und Ruhe wird dann zurückkehren; sonst gehen wir alle verloren. Wir bitten, unser serbisches Patriarchat in Peć wieder herzustellen und uns Bladiken und Priester aus unserem Volke zu geben.

Dies ist unsere bemüthige Bitte. Wir wollen eher zu Grunde gehen, als uns länger der Tyrannei der Türken und Phanarioten fügen. Unser Herz sagt uns, daß unsere Sache gerecht ist, und deshalb hoffen wir, daß unser Flehen erhört wird.

(Folgen die Unterschriften.)

Druck von G. J. Manz in Regensburg.